Zacharias Tanee Fomum

TU PEUX RECEVOIR LE BAPTEME DANS LE SAINT-ESPRIT MAINTENANT

Éditions du Livre Chrétien
4, rue du Révérend Père Cloarec
92400 Courbevoie France
editionlivrechretien@gmail.com

Cet ouvrage est la traduction française du livre :
You can receive the baptism into the Holy Spirit now

© Zacharias Tanee Fomum, 1986
Tous Droits Réservés

Edité par :
Editions du livre chrétien
4, rue du Révérend Père Cloarec
92400 Courbevoie - FRANCE
Tél : (33) 9 52 29 27 72
Email : editionlivrechretien@gmail.com

Couverture :
Jacques Maré

Je dédie ce livre à
Celine MBELE BIDJA
en reconnaissance profonde
de son engagement exceptionnel
au ministère des livres

TABLE DES MATIÈRES

Préface 9

Les quatre baptêmes 11
   1. Le baptême dans le corps de Christ. 12
   2. Le baptême dans le Saint-Esprit. 14
   3. Le baptême dans l'eau. 17
   4. Le baptême de souffrance 18

Les avantages du parler en langues 19
   1. Adresser à Dieu des mystères en esprit 20
   2. L'édification personnelle 21
   3. Prier avec l'esprit 24
   4. Chanter avec l'esprit 29
   5. Rendre ministère aux saints 29
   6. Le parler en langues avec l'interpretation 31
   7. Le parler en langues conduit a une paix profonde ...33
   8. Le parler en langues : une arme dans le ministère ...33

Le parler en langues en tant que preuve evidente du baptême dans le Saint-Esprit 39
   1. La promesse du Seigneur dans l'Ancien Testament ...40
   2. La promesse du Seigneur Jesus dans le Nouveau Testament ...40
   3. Le jour de la pentecote 42
   4. Corneille et sa maison 48
   5. Les croyants en Samarie 50
   6. Les croyants d'Ephèse 54
   7. Saul de Tarse 55

**Recevoir le baptême dans le Saint-Esprit-1 :
être rempli par le Saint-Esprit** 59
   1. Offrir au Saint-Esprit un vase propre à remplir 60
   2. Consacrer le vase propre au Seigneur 61

**Recevoir le baptême dans le Saint-Esprit-2 :
Parler en d'autres langues** 71

Le bapteme dans le Saint-Esprit et les dons spirituels 79

Le baptême dans le Saint-Esprit et la puissance spirituelle 83
   1. La puissance pour produire les signes et les prodiges 84
   2. La puissance de souffrir pour Christ et l'évangile 89
   3. La puissance de pardonner a ceux qui les haïssaient 93
   4. La puissance de se donner aux choses prioritaires 93
   5. La puissance de parler de telle manière que les paroles fassent effet 94
   6. La puissance pour condamner le péché : la puissance pour etre saint 95
   7. La puissance de rendre une obéissance implicite au Seigneur ... 96
   8. Le pouvoir d'être délivré des choses 98
   9. La puissance spirituelle aujourd'hui 100

Comment continuer dans la vie pleine de l'esprit 107
   1. Être rempli chaque jour 108
   2. Grandir dans une vie remplie de l'esprit 111

Très important 119

Biographie de l'auteur 123

Autres titres du même auteur 125

Préface

Je fus converti à Christ pendant ma première semaine à l'Université. Je grandissais fidèlement dans le Seigneur et j'étais avide de gagner les autres au Seigneur. Pendant trois ans, au cours desquels je rendais témoignage à une moyenne de trois étudiants par semaine, je vis trois étudiants se convertir au Seigneur Jésus. J'étais cependant insatisfait et je me demandais s'il n'y avait pas plus à voir dans le domaine de gagner les hommes à Christ, que ce que je voyais.

Quatre ans plus tard, pendant que je préparais une thèse, j'étais en train de prier dans ma chambre à 17 heures, languissant pour la puissance qui me permettrait de prêcher à une réunion du « Christian Union » à l'Université de Makerere, à Kampala, en Ouganda. Je ne m'attendais à rien de particulier en dehors de l'assurance que le Seigneur viendrait avec moi à cette réunion. Je n'avais pas encore prié pendant plus de cinq minutes lorsque soudainement, je me découvris en train de prier à haute voix, en fait en train de crier des louanges à Dieu en d'autres langues. Plusieurs étudiants se rassemblèrent autour de ma chambre pour voir ce qui se passait. Je continuai à parler en langues à haute voix pendant les deux heures qui suivirent.

Dès ce jour, je commençai à voir les gens venir au Seigneur d'une manière remarquable pendant que je leur rendais témoignage au niveau individuel ou pendant que je prêchais à un grand nombre d'entre eux. Quelquefois, je m'agenouillais pour prier et j'étais si perdu en Dieu que je ne réalisais pas que j'avais prié pendant cinq ou six heures.

Cela se passa il y a quinze ans. Je fus baptisé dans le Saint-Esprit ! Ce livre parle de cette expérience, du baptême dans le Saint-Esprit !

Que Dieu te bénisse pendant que tu le lis et si tu es déjà baptisé dans le Saint-Esprit, que le Seigneur te conduise dans une plus profonde expérience de la puissance d'une vie remplie de l'Esprit.

Dr Zacharias TANEE FOMUM
BP 6090 Yaoundé-Cameroun

Les quatre baptêmes

Dans les Ecritures, quatre baptêmes sont mentionnés.

1. LE BAPTÊME DANS LE CORPS DE CHRIST.

Le Bible dit: « *Car de même que le corps est un et qu'il a plusieurs membres, mais que tous les membres du corps, quoiqu'ils soient plusieurs, sont un seul corps, ainsi aussi est le Christ. Car aussi nous avons tous été baptisés d'un seul Esprit pour être un seul corps, soit Juifs, soit Grecs, soit esclaves, soit hommes libres ; et nous avons été abreuvés pour l'unité d'un seul Esprit. Car aussi le corps n'est pas un seul membre, mais plusieurs.* » (1 Corinthiens 12:12-14).

Voilà le premier baptême qu'un croyant expérimente. Lorsque quelqu'un croit dans son coeur que Jésus est Seigneur, il est justifié devant Dieu. Cela signifie que dès ce moment, Dieu le considère comme quelqu'un qui n'a jamais péché. Il en est ainsi parce que la justice de Christ lui est immédiatement imputée. Il se pourrait qu'il n'ait pas encore levé la main lors d'une réunion d'évangélisation. Il se pourrait qu'il ne se soit pas encore avancé pour répondre à l'appel lancé. Il se pourrait qu'il n'ait pas encore répété la prière faite par ceux qui veulent recevoir le Seigneur; mais, dès le moment même où il croit dans son coeur que Jésus est Seigneur, ce baptême dans le Corps de Christ, Son Eglise, a lieu. Ceux qui reçoivent ce baptême sont enfants de Dieu. Les autres ne le sont pas. Ceux qui reçoivent ce baptême sont membres du Corps de Christ. Quiconque croit qu'il est justifié et par conséquent qu'il est membre du Corps de Christ, doit recevoir tous les autres membres et leur témoigner de l'amour, quels que soient tous les autres domaines de différence qui pourraient exister entre eux. Ainsi, tous dans le Corps doivent aimer tous ceux qui sont dans le Corps.

Dans le baptême dans le Corps, les faits suivants émergent :
1. le baptiseur : le Saint-Esprit.
2. l'objet qui est baptisé : celui qui croit au Seigneur Jésus.
3. le milieu dans lequel il est baptisé : le Corps de Christ, l'Eglise.

Tous les croyants ont reçu ce baptême. Ceux qui ont reçu ce baptême ont la vie éternelle. Ils ne périront jamais. Seul le Saint-Esprit connaît réellement ceux qui ont reçu ce baptême de Lui. Nous acceptons le témoignage des gens lorsqu'ils nous disent : « Je crois que Jésus est Seigneur », et nous les traitons comme des membres du Corps sur la base de leur confession. Les traiter sur la base de leur confession signifie en plus de plusieurs autres choses, les aimer comme Christ a aimé l'Eglise, c'est-à-dire jusqu'à mourir pour eux.

Tous ceux qui ont cru au Seigneur doivent savoir avec certitude que le Saint-Esprit les a baptisés dans le Corps de Christ. Ils doivent savoir qu'ils appartiennent au Seigneur et qu'ils appartiennent à tous les autres qui appartiennent au Seigneur. Du fait qu'ils ont été baptisés dans le Corps de Christ, toute chose faite, dite ou pensée qui blesse ou détruit tout autre membre du Corps de Christ est une peine que la personne s'inflige à elle-même car si la main blesse l'oeil, le corps tout entier, y compris la main, souffre. C'est là un important sujet de réflexion.

Comme nous l'avons dit, le Saint-Esprit est Celui qui baptise le croyant dans le Corps de Christ. Il faut bien s'y attendre puisqu'il est celui qui travaille dans le croyant pour le convaincre de péché, de jugement et de justice. Il est Celui qui rend témoignage de Christ ;

et dès que quelqu'un croit en Christ, Il baptise immédiatement cette personne dans le Corps de Christ. Dès le moment où quelqu'un croit au Seigneur, le Saint-Esprit, qui le baptise immédiatement dans le Corps de Christ, prend aussi résidence permanente en lui. Le Saint-Esprit devient en lui une source d'eau coulant jusqu'à la vie éternelle. Le Seigneur Jésus a dit à la femme samaritaine avant sa conversion : « *mais celui qui boira de l'eau que je lui donnerai, moi, n'aura plus soif à jamais ; mais l'eau que je lui donnerai, sera en lui une fontaine d'eau jaillissant en vie éternelle.* » (Jean 4:13-14).

Le Saint-Esprit habite en tous les croyants. Il n'y a aucun croyant en qui le Saint-Esprit n'habite pas, car « *quiconque n'a pas l'Esprit de Christ ne Lui appartient pas.* » (Romains 8:9). La Bible dit : « *Ne savez-vous pas que vous êtes le temple de Dieu et que l'Esprit de Dieu habite en vous?* » (1 Corinthiens 3:16). « *Ne savez-vous pas que votre corps est le temple du Saint-Esprit qui est en vous, et que vous avez reçu de Dieu ? Et vous n'êtes pas à vous-mêmes* » (1 Corinthiens 6:19).

C'est une chose d'avoir le Saint-Esprit. C'en est une autre d'être rempli du Saint-Esprit. On reçoit le Saint-Esprit pour la vie spirituelle et on est rempli du Saint-Esprit pour la puissance dans le ministère spirituel.

2. LE BAPTÊME DANS LE SAINT-ESPRIT.

Le Seigneur Jésus a dit : « *...et voici, moi j'envoie sur vous la promesse de mon Père. Mais vous, demeurez dans la ville, jusqu'à ce que vous soyez revêtus de la puissance d'en haut* » (Luc 24:49). « *Et en* *la dernière journée, la grande journée de la fête, Jésus se tint là et cria, disant ; Si quelqu'un a soif, qu'il vienne à moi, et qu'il boive. Celui qui croit en moi, selon ce qu'a dit l'écriture, des fleuves d'eau vive couleront de son ventre* » (Jean 7:37-38). « *Et étant assemblé avec eux, il leur commanda de ne pas partir de Jérusalem, mais d'attendre la promesse du Père, laquelle, dit-il, vous avez ouïe de moi : car Jean a baptisé avec de l'eau, mais vous, vous serez baptisés de l'Esprit Saint, dans peu de jours.* » (Actes 1:4-5). « *Mais vous recevrez de la puissance, le Saint-Esprit venant sur vous ; et vous serez mes témoins à Jérusalem et dans toute la Judée et la Samarie, et jusqu'au bout de la terre.* » (Actes 1:8). « *Et Pierre leur dit: Repentez-vous, et que chacun de vous soit baptisé au nom de Jésus-Christ, en rémission des péchés ; et vous recevrez le don du Saint-Esprit* » (Actes 2:38). « *Or les apôtres qui étaient à Jérusalem, ayant appris que la Samarie avait reçu la parole de Dieu, leur envoyèrent Pierre et Jean, qui, étant descendus, prièrent pour eux pour qu'ils reçussent l'Esprit Saint : car il n'était encore tombé sur aucun d'eux, mais seulement ils avaient été baptisés pour le nom du Seigneur Jésus. Puis, ils leur imposèrent les mains, et ils reçurent l'Esprit Saint* » (Actes 8:14-17). « *Comme Pierre prononçait encore ces mots, l'Esprit Saint tomba sur tous ceux qui entendaient sa parole. Et les fidèles de la circoncision, tous ceux qui étaient venus avec Pierre, s'étonnèrent de ce que le don du Saint-Esprit était répandu aussi sur les nations, car ils les entendaient parler en langues et magnifier Dieu. Alors Pierre répondit : Quelqu'un pourrait-il refuser l'eau, afin que ceux-ci ne soient pas baptisés, eux qui ont reçu l'Esprit Saint comme nous-mêmes ?* » (Actes 10:44-47).

Concernant le baptême dans le Saint-Esprit, on parle du Saint-Esprit comme « venant sur » , « tombant sur » le croyant qui déjà a le Saint-Esprit comme le Donateur de la Vie Divine. Il vient alors sur le croyant non pour lui donner la vie, mais pour lui donner la puissance pour le service. Par conséquent, dans ce ministère, le Saint-Esprit n'est pas envisagé comme une source d'eau jaillissant en vie éternelle (car la source parle d'origine), mais comme un fleuve. Les différences entre une source et un fleuve sont évidentes. Dans le baptême dans le Saint-Esprit, le Saint-Esprit vient pour donner le revêtement, l'onction, la puissance pour le service.

Dans le baptême dans le Saint-Esprit, les faits suivants émergent :

1. le Baptiseur : le Seigneur Jésus
2. L'objet qui est baptisé : le croyant
3. Le milieu dans lequel il est baptisé : le Saint-Esprit.

Tous les croyants sont baptisés dans le Corps de Christ sans aucune demande de leur part. Tout ce qu'ils doivent faire c'est croire au Seigneur. Pour le baptême dans le Saint-Esprit, il peut en être de même; ce fut le cas dans la maison de Corneille et le jour de la Pentecôte ; mais dans les cas de Saul de Tarse, des croyants en Samarie et des croyants à Ephèse, Il vint sur les gens par imposition des mains. La Bible dit : « *C'est lui que Dieu a exalté par sa droite prince et sauveur, afin de donner la repentance à Israël et la rémission des péchés : et nous, nous lui sommes témoins de ces choses, ainsi que l'Esprit Saint que Dieu a donné à ceux qui lui obéissent.* » (Actes 5:31-32). « *Si donc vous qui êtes méchants, vous savez donner à vos enfants des choses bonnes, combien plus le Père qui est du ciel donnera-til l'Esprit Saint à ceux qui le lui demandent.* » (Luc 11:13). La condition minimale pour le baptême dans le Saint-Esprit, c'est la foi en Jésus-Christ.

Pour la première Pentecôte, il fallait que Jésus soit exalté. Pour toutes les Pentecôtes suuivantes, Il doit être exalté comme Seigneur et Leader Suprême de l'individu qui veut être baptisé dans le Saint-Esprit.

Tous ceux qui ont été baptisés dans le Saint-Esprit savent avec certitude le moment exact où cela s'est passé. Ils n'ont pas besoin que quelqu'un les assure que cela s'est passé. Ils le savent.

Du fait que ce livre parle du baptême dans le Saint-Esprit, les choses seront plus claires pendant que vous le lirez.

3. LE BAPTÊME DANS L'EAU.

La Bible dit : « *Repentez-vous, et que chacun de vous soit baptisé au nom de Jésus-Christ, en rémission des péchés ; et vous recevrez le don du Saint Esprit.* » (Actes 2:38). « Et il leur dit : Allez dans tout le monde, et prêchez l'évangile à toute la création. Celui qui aura cru et qui aura été baptisé sera sauvé ; et celui qui n'aura pas cru, sera condamné » . (Marc 16:16). « *Allez donc, et faites disciples toutes les nations, les baptisant pour le nom du Père et du Fils et du Saint-Esprit, leur enseignant à garder toutes les choses que je vous ai commandées. Et voici, moi je suis avec vous tous les jours jusqu'à la consommation du siècle.* » (Matthieu 28:19-20).

Dans le baptême dans l'eau, les faits suivants émergent :
1. le baptiseur : un croyant dans le Seigneur Jésus.
2. L'objet qui est baptisé : un croyant dans le Seigneur Jésus qui n'a pas encore été baptisé depuis qu'il a cru.
3. Le milieu dans lequel il est baptisé : l'eau.

Le baptême dans l'eau n'est pas une nécessité absolue pour le baptême dans le corps ou dans le Saint-Esprit.

4. Le baptême de souffrance

(APPELÉ PAR CERTAINS LE BAPTÊME DE FEU)

Le Seigneur Jésus a dit : « *Je suis venu jeter le feu sur terre ; et que veux-je si déjà il est allumé ? Mais j'ai à être baptisé d'un baptême ; et combien suis-je à l'étroit jusqu'à ce qu'il soit accompli !* » (Luc 12:49-50). « *Et Jacques et Jan, fils de Zébédée, viennent à lui disant : Maître, nous voudrions que tu fis pour nous tout ce que nous demanderons. Et il leur dit : Que voulez-vous que je fasse pour vous ? Et ils lui dirent : Accorde-nous que nous soyons assis, l'un à ta droite et l'un à ta gauche, dans ta gloire. Et Jésus leur dit : Vous ne savez pas ce que vous demandez. Pouvez-vous boire la coupe que moi je bois, ou être baptisés du baptême dont moi je serai baptisé ? Et ils lui dirent : nous le pouvons. Et Jésus leur dit : Vous boirez bien la coupe que moi je bois, et vous serez baptisés du baptême dont moi je serai baptisé ; mais de s'asseoir à ma droite ou à ma gauche, n'est pas à moi pour le donner, sinon à ceux pour lesquels cela est préparé.* » (Marc 10:35-40).

Dans le baptême de la souffrance, les faits suivants émergent :
1. Le baptiseur : Dieu le Père.
2. L'objet qui est baptisé : le croyant consacré.
3. Le milieu dans lequel il est baptisé : la souffrance.

Le Seigneur Jésus a expérimenté ce baptême. Le Père frappa le berger. Le croyant consacré connaîtra inévitablement ce baptême.

Les avantages du parler en langues

Nous verrons dans le prochain chapitre que l'évidence du fait que quelqu'un a reçu le baptême dans le Saint Esprit était normalement que la personne parlait en langues. Ainsi, elle parlait en langues comme une évidence du fait qu'elle a été baptisée dans le Saint-Esprit. Une question pourrait surgir dans la pensée de quelqu'un est-ce que celui qui parle en langues a des avantages définis sur celui qui ne parle pas en langues ? La réponse est oui. Nous allons brièvement considérer certains de ces avantages.

1. Adresser à Dieu des mystères en esprit

La Bible dit : « *Parce que celui qui parle en langues ne parle pas aux hommes, mais à Dieu, car personne ne l'entend ; mais en Esprit il prononce des mystères* » (1 Corinthiens 14:2). Celui qui parle en langues a une capacité supplémentaire de parler au Seigneur. Il prononce des mystères en Esprit. Ces mystères prennent origine dans le Saint-Esprit. Ils coulent dans l'esprit humain par l'action du Saint-Esprit, et pendant que celui qui parle en langues prononce ces mystère en des langues que seul Dieu comprend, ces mystères coulent vers Dieu.

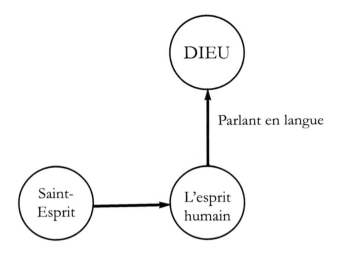

Cela pourrait être des mystères de louanges, d'actions de grâces, de culte d'adoration, etc; qui sont au-delà de l'entendement humain. En parlant en langues et en adressant à Dieu ces mystères qui prennent origine dans l'Esprit et sont transmis par l'Esprit à Dieu, l'homme peut présenter à Dieu la louange, le culte d'adoration, etc qui, à cent pour cent, sont originaires du Saint-Esprit. Je considère cela comme un grand privilège que Dieu puisse me permettre d'être engagé dans une telle activité.

2. L'ÉDIFICATION PERSONNELLE

La Bible dit : « *Celui qui parle en langues s'édifie lui-même...* » (1 Corinthiens 14:14). Que signifie édifier ? Edifier c'est bâtir. S'édifier soi-même c'est se bâtir soi-même. La Bible commande : « *Mais vous, bien-aimés, vous édifiant vous-mêmes sur votre très sainte foi, priant par le Saint-Esprit* » (Jude 20).

Quand quelqu'un parle en langues soit dans la louange, ou en action de grâces, ou dans l'intercession, etc, ceci prend origine dans le Saint-Esprit qui habite dans l'Esprit du croyant et coule à travers l'esprit du croyant en langues à Dieu. Pendant cet écoulement vers Dieu, l'esprit du croyant reçoit le ministère d'édification. C'est là une conséquence indirecte du ministère rendu à Dieu par le parler en langues. Le croyant qui ainsi s'édifie lui-même est dans une position lui permettant de rendre même davantage ministère au Seigneur et aux autres.

Je trouve qu'on gaspille beaucoup de temps dans des réunions, spécialement les réunions de prière, à édifier les croyants avant qu'ils ne puissent prier. C'est regrettable parce que quelquefois certains ne reçoivent pas ministère et sont ainsi incapables de participer pleinement à la réunion de prière. La même chose s'applique à une réunion où la Parole est prêchée. Plusieurs ont besoin d'être préparés pour recevoir le ministère de la Parole. Si tous les croyants prenaient du temps pour prier en langues régulièrement et certainement avant chaque réunion, le Saint-Esprit qui connaît leurs besoins spécifiques pourvoirait à ces besoins, les édifierait et les mettrait dans la meilleure condition pour davantage de ministère ou dans une meilleure condition pour rendre ministère aux autres.

Je trouve que je suis capable de couler plus en priant avec mon intelligence après que j'aie prié en langues. Ceci est certainement dû au fait que mon intelligence a reçu quelque ministère pendant que je priais en langues, adressant des mystères à Dieu. En fait, je trouve que
- la prédication
- l'enseignement

- le conseil
- la vie
- l'amour
- les soins
- etc.

se font de manière plus souple et plus libre et sont puissants lorsque chacun d'eux précédé de beaucoup de temps passé à parler en langues. Je trouve que les autres dons du Saint-Esprit opèrent plus librement dans ma vie et mon ministère lorsque je passe plus de temps régulièrement et avant chaque réunion à parler en langues.

Pendant que j'écris ceci, je me demande ce qu'il en serait si je mettais à part une semaine ou un mois pour prier en langues. Je crois que de grandes choses se produiraient dans ma vie et à travers ma vie. Seigneur, aide-moi à mettre à part une saison cette année pour prier en langues. Seigneur permets que je le fasse pour m'édifier moi-même. Seigneur, accorde-moi de le faire afin qu'étant ainsi édifié, je sois dans une meilleure position pour te rendre ministère, pour rendre ministère à ton Eglise et à ton monde. Seigneur, aide les autres croyants à faire de même.

Après que l'apôtre Paul eût dit que celui qui parle en langues s'édifie lui-même, il ajouta : « *Or je désire que tous vous parliez en langues* » (1 Corinthiens 14:5). Il avait certainement vu ce ministère crucial de l'édification personnelle par le parler en langues et son impact sur la vie et le ministère du croyant, de telle façon qu'il désirait que ce soit le lot de tous les croyants. Je ne peux que me joindre à lui dans ce languissement pour tous les croyants, que chacun puisse parler en d'autres langues. Il y a aussi un languissement personnel. Il dit qu'il parle en langues plus que tous les croyants de Corinthe. Ces croyants parlaient vraiment en langues ! Cependant, il parlait en langues plus qu'eux tous. Seigneur, donne-moi la capacité de parler tellement en langue que mon progrès et ma capacité dans cette dimension soient un exemple pour plusieurs.

Nous avons dit que celui qui parle en langues s'édifie lui-même. Nous ne somme pas en train de dire par là que celui qui ne parle pas en langues ne s'édifie pas lui-même. Il peut s'édifier lui-même par d'autres moyens qui sont à la disposition du croyant. Le seul problème est que celui qui ne parle pas en langues a une méthode de moins que celui qui parle en langues.

Veux-tu opter pour une vie spirituelle qui a une méthode d'édification de moins que ce que tu pouvais avoir ? Ne veux-tu pas avoir tout ce que le Seigneur a rendu disponible pour le progrès spirituel ?

3. Prier avec l'esprit

Celui qui parle en langues a un canal supplémentaire pour la prière. Comme nous l'avons vu, la Bible nous exhorte en disant : « *Mais vous, bien-aimés, vous édifiant vous-mêmes sur votre très sainte foi, priant par le Saint-Esprit* » (Jude 20).

Toute prière qui prend son origine dans le Seigneur est conduite et dirigée par le Saint-Esprit, consiste à prier par le Saint-Esprit.

Il y a deux façons de prier que sont la prière dans le Saint-Esprit. L'apôtre Paul a dit : « *Je prierai avec l'esprit, mais je prierai aussi avec l'intelligence.* » (1 Corinthiens 14:15). Il est évident que quand l'apôtre Paul priait avec son intelligence il ne priait pas dans la chair. Il priait par le Saint-Esprit. Le Seigneur Jésus priait souvent avec son intelligence. Il priait par le Saint-Esprit. Ainsi, prier par le Saint-Esprit inclut :

1. Prier avec l'esprit humain, c'est à dire prier en langues.
2. Prier par l'intelligence humaine.

Celui qui prie en langues peut prier par l'esprit humain et par l'intelligence humaine, alors que celui qui ne peut pas prier en langues peut seulement prier par l'intelligence humaine.

Prier en langues, c'est-à-dire prier par l'esprit humain

Prier par le Saint-Esprit

Prier par l'intelligence, c'est-à-dire prier par l'entendement.

Nous pouvons illustrer ces deux genres de prières comme suit :

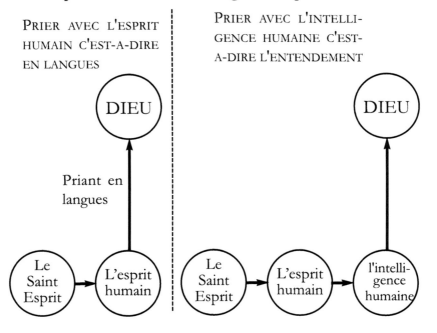

La prière prend origine dans le Saint-Esprit et elle est communiquée à l'esprit humain qui prie alors en langues vers Dieu. La seule limitation c'est combien de ce que possède le Saint-Esprit peut-il être reçu par l'esprit humain pour une communication plus poussée vers Dieu en langues.

Ici encore, la prière prend origine dans le Saint-Esprit, car c'est là que toute vraie prière a son origine. La prière est alors communiquée à l'esprit humain car le Saint-Esprit ne communique avec l'intelligence humaine qu'à travers l'esprit humain. (Il n'entre pas directement en contact avec l'intelligence humaine). Il y a une limitation tant que l'esprit humain ne reçoit qu'une partie de ce que le Saint-Esprit doit communiquer. Ce que l'esprit humain reçoit est à nouveau limité par ce que l'intelligence est capable de recevoir et même ceci est limité par la capacité de l'intelligence à traduire en des mots ce qu'elle a reçu.

Prier avec l'intelligence a plusieurs limitations. Par exemple, celui qui a une capacité de compréhension limitée ne peut prier qu'à un degré limité s'il prie par l'intelligence. Ce qu'il ne comprend pas, il ne peut pas le dire à Dieu.

Prier avec l'Esprit a, en plus, cet avantage qu'on peut prier pour des choses qu'on ne comprend pas. Il y a des moments où quelqu'un pourrait ressentir dans son esprit qu'une personne est en train d'avoir un problème. Il pourrait ne pas comprendre quel est le problème, mais s'il est sensible au fardeau dans son esprit, il va se retirer. Le Saint-Esprit qui possède tous les détails et qui communique le fardeau à l'esprit humain poussera l'esprit humain à prier en langues et ce faisant, le Seigneur agira et ôtera le problème que la personne était en train d'endurer. Parce que quelqu'un, sans savoir ce qui se passait s'est retiré et a prié par l'Esprit, des gens ont été sauvés des accidents, des voleurs, des brigands et de nombreux dégâts. Des prédicateurs ont soudainement reçu une fraîche bouffée de puissance spirituelle à un moment où la réunion devenait incontrôlable, etc. Il n'y a pas de limite quant au bien qui peut être fait lorsque quelqu'un qui est sensible au Saint-Esprit, reçoit le signal et, sans comprendre les faits dans son intelligence, se met à prier en langues.

Il y a des moments où un croyant pourrait ignorer la volonté de Dieu. Le Saint-Esprit connaît toujours la volonté de Dieu. Il met cette volonté dans l'Esprit du croyant et lui permet de la présenter à Dieu dans la prière. C'est pourquoi plusieurs grandes choses arrivent souvent lorsque des croyants prient en langues constamment et avec insistance.

Bien qu'il y ait plusieurs avantages issus du parler en langues, il serait insensé de mettre complètement de côté la prière par l'intelligence. L'apôtre Paul dit : « *Car si je prie en langues, mon esprit prie, mais mon intelligence est sans fruit* » (1 Corinthiens 14:14). Ce n'est pas la volonté de Dieu que nos intelligences soient permanemment sans fruit en ce qui concerne la prière. Celui qui ne prie pas avec son intelligence se trouvera dans de sérieux problèmes. La prière avec l'esprit n'est pas faite pour remplacer la prière par l'intelligence, mais c'est pour la compléter. L'apôtre Paul dit : « *Je prierai avec l'esprit, mais je prierai avec l'intelligence* » (1 Corinthiens 14:15). Ce n'est pas une question de l'un ou de l'autre, mais des deux à la fois.

Pour illustrer cela, je voudrais considérer la prière en langues comme le fait de marcher vers Dieu avec mon esprit. Si je me déplace en sautillant sur ma jambe droite, je peux parcourir une certaine distance mais je serai lent et je vais bientôt me fatiguer. Je considère également ma jambe gauche comme la prière avec mon intelligence, mon entendement. Si je sautille vers Dieu sur ma jambe gauche, j'aboutirai aussi quelque part mais là encore, je serai lent et bientôt je serai fatigué. Si je veux faire le plus de progrès possible dans la prière, il me faut utiliser ma jambe droite et ma jambe gauche. C'est pourquoi l'apôtre Paul dit : « Que dois-je faire ? Il répond ensuite : Je prierai avec mon esprit, mais je prierai aussi avec mon intelligence. » C'est là le chemin de Dieu. Nous devons y marcher. Le problème est que les deux voies sont ouvertes à celui qui parle en langues, alors que celui qui ne parle pas en langues n'a qu'une seule route ouverte devant lui.

Je me suis souvent rendu compte que lorsque deux personnes prient ensemble, elles peuvent faire plus de progrès que si chacune priait seule. Evidemment, ceci exige un degré suffisant de compatibilité spirituelle. Quand quelqu'un prie avec l'esprit et avec l'intelligence, il va presqu'aussi loin que deux personnes qui prient. Premièrement, l'esprit et l'intelligence sont ceux de la même personne et par conséquent, il y a compatibilité. Deuxièmement, l'esprit et la pensée peuvent prier tour à tour de manière que lorsque la pensée est fatiguée, l'esprit peut prier et pendant que l'intelligence prend une pause, l'esprit est en prière. De cette manière, une personne peut prier seule pendant plusieurs heures sans être trop exténuée.

Evidemment, il y a des moments où même cinquante minutes de prière en langues soutirent tellement d'énergie qu'il est impossible de continuer, mais c'est pour des cas très particuliers, dans des situations de combat.

4. CHANTER AVEC L'ESPRIT

Nous chantons tous au Seigneur avec nos intelligence. Nous utilisons des recueils de cantiques ou bien nous chantons à partir de notre mémoire. C'est là une bonne chose. Le Seul problème est que ceux qui ne parlent pas en langues, c'est tout ce qu'ils peuvent effectuer comme chant, ce qui passe par leur intelligence. Mais pour celui qui parle en langues, il peut développer son parler en langues en y incluant le chanter en langues. Il peut alors avec l'apôtre Paul chanter avec son esprit et aussi chanter avec son intelligence. (1 Corinthiens 14:15).

Tous les croyants qui parlent en langues devraient aussi chanter en langues. Tout ce qu'il faut pour chanter en langues c'est la même foi qu'il faut pour parler en langues. Si tu coopères avec le Saint-Esprit et si tu t'engages par la foi, Il te donnera de t'exprimer en chantant des mélodies en langues au Seigneur et pendant que tu grandiras dans l'utilisation de ton esprit comme un instrument de la chanson pour le Seigneur tu atteindras un niveau où tu peux chanter avec ton intelligence et passer immédiatement à ton esprit pour chanter avec ton esprit et revenir à ton intelligence et ainsi de suite.

5. RENDRE MINISTÈRE AUX SAINTS

La Bible dit : « *Qu'est-ce donc, frère ? Quand vous vous réunissez, chacun de vous a un psaume, a un enseignement, a une langue, a une révélation, a une interprétation : que tout se fasse pour l'édifi-*

cation. » (1 Corinthiens 14:26). L'apôtre est en train de suggérer que les croyants devraient apporter avec eux les choses suivantes lorsqu'ils se réunissent :

1. un psaume avec l'intelligence
2. un enseignement
3. un psaume avec l'esprit
4. une révélation
5. une langue
6. une interprétation d'une langue.

Tout cela doit être apporté et utilisé pour l'édification du corps. Celui qui parle en langues et qui a aussi demandé et reçu la capacité d'interpréter peut apporter au corps toutes les six choses citées ci-dessus ou bien il peut apporter une quelconque des six choses selon que l'Esprit le conduit et que les besoins l'exigent. Celui qui ne peut pas parler en langues, souvent ne peut pas interpréter les langues. Il ne peut apporter à l'assemblée que les choses suivantes :

1. un psaume avec l'intelligence
2. une révélation (ceci est aussi rare pour des gens qui ne sont pas baptisés dans le Saint-Esprit).
3. un enseignement.

J'ai découvert avec tristesse que dans trop d'assemblées, tout ce que les sens apporter dans l'assemblée c'est des chansons avec l'intelligence et un enseignement. C'est édifier avec deux des six possibilités que le Seigneur a mises à notre disposition. Ceci est vraiment dommage car cela traduit le fait que de telles assemblées utilisent un tiers du potentiel que le Seigneur leur a donné.

Quelque chose même de plus triste c'est que dans plusieurs assemblées où les gens sont baptisés dans le Saint-Esprit et parlent en langues, les gens sont si fermés aux manifestations spirituelles qu'ils se cantonnent aux chants avec l'intelligence et à l'enseignement et rien d'autre n'est manifesté. Cela ne devrait pas être ainsi.

Finalement, j'ai aussi été dans des assemblées où il y avait trop de langues, de prophéties, d'interprétations de langues et de révélations, de manière que personne ne prenait aucune d'elles au sérieux. Dans ces assemblées, il n'y avait souvent aucun enseignement ayant un réel fond spirituel solide et toutes les chansons avec l'intelligence étaient limitées à quelques brefs choeurs qu'on répétait plusieurs fois. Ceci est anormal.

Nous devons chacun de nous être baptisés dans le Saint-Esprit et parler en d'autres langues et apporter dans l'assemblée les six aspects ci-dessus et tout autre aspect que le Seigneur aimerait ajouter. C'est alors qu'il y aura de l'édification véritable et complète.

6. LE PARLER EN LANGUES AVEC L'INTERPRETATION

La Parole de Dieu exhorte celui qui parle en langues à « *prier pour qu'il soit capable d'interpréter* » (1 Corinthiens 14:13). Quand celui qui parle en langues demande et reçoit du Saint-Esprit la capacité d'interpréter les langues, son propre parler en langues prend une nouvelle importance.

Tout d'abord, il sera capable de comprendre ce qu'il est en

train de dire en langues. Il ne sera plus question que ce soit lui qui prie avec son esprit pendant que son intelligence demeure stérile, mais il sera question que son intelligence s'unisse avec son esprit pendant qu'il est en prière.

Personnellement, une chose que j'ai bénéficiée de la capacité d'interpréter les langues dans ma prière en privé est que, je commence par la prière en langues et ensuite, j'interprète ; je connais avec mon intelligence la direction vers laquelle mon esprit se déplace. J'oriente alors ma prière avec mon intelligence vers la même direction où le Saint-Esprit, à travers mon esprit, est en train de me conduire, ce qui apporte par là une profonde harmonie. De cette manière, j'ai souvent été conduit à de nouvelles dimensions et directions dans la prière, des domaines que je ne connaissais pas avant. que le Seigneur reçoive la louange pour cela.

Quand quelqu'un parle en langues et interprète dans une réunion publique, par là, il rend ministère au même niveau que la prophétie. Ainsi celui qui parle en langues et qui interprète apporte au peuple de Dieu quelque chose qui a la même utilité que la prophétie. Evidemment, celui qui ne parle pas en langues ne peut pas rendre ministère dans ce domaine.

Une autre bénédiction est que celui qui parle en langues à une réunion publique pendant qu'un autre interprète apporte au peuple de Dieu un don qui donne place au ministère d'un autre, car il parlera en langues et quelqu'un d'autre traduira, et ainsi, le corps peut être édifié par deux personnes au lieu que ce soit une seule personne qui rende ministère au corps.

7. LE PARLER EN LANGUES CONDUIT A UNE PAIX PROFONDE

La Bible dit : « *Car par des lèvres bégayantes et par une langue étrangère il parlera à ce peuple, auquel il avait dit : C'est ici le repos, faites reposer celui qui est las ; et c'est ici ce qui rafraîchit. Mais ils n'ont pas voulu entendre.* » (Esaïe 28:11-12). Le Seigneur avait l'intention de donner du repos à son peuple à travers le parler en langues. C'est aussi vrai que le parler en langues conduit à une très profonde paix intérieure pour celui qui s'est déversé devant Dieu de cette manière. Après la louange, les actions de grâces, l'importunité et l'intercession violentes en langues, il y a une période qui succède pendant laquelle tout l'être intérieur entre et expérimente une intégration totale. C'est comme si l'esprit humain, après s'être déversé devant Dieu, revient se reposer profondément dans le Saint-Esprit. Ceci n'est possible qu'après le combat en langues, car n'est-ce pas normal que le conflit soit suivi du repos ?

8. LE PARLER EN LANGUES : UNE ARME DANS LE MINISTÈRE

La Bible cite cinq signes qui accompagneront ceux qui auront cru dans Marc 16:17-18. Ce sont les signes suivants :
1. Chasser les démons au nom de Jésus.
2. Parler de nouvelles langues.
3. Saisir les serpents.
4. Ne subir aucun mal si l'on prenait un breuvage mortel.
5. Imposer les mains aux malades et ceux-ci seront guéris.

Il est évident que les signes 1,2,3,4, et 5 sont directement contre l'activité de l'ennemi. Ils sont pour le combat spirituel. Celui qui est plein de l'Esprit doit tellement confronter l'ennemi. La Bible dit du Seigneur Jésus : « *Or Jésus, plein de l'Esprit saint, s'en retourna du Jourdain et fut mené par l'Esprit dans le désert étant tenté par le diable quarante jours.* » (Luc 4:1-2). Comme quelqu'un a dit avec raison : « Après la colombe le diable ». Celui qui est rempli de l'Esprit est tellement ouvert à beaucoup de confrontations avec Satan qu'il lui faut utiliser son don de langues pour le combat. Il est ainsi rempli du parler en langues pour couler vers Dieu en louange et en actions de grâces, et pour couler vers l'ennemi en réprimandes et en destruction.

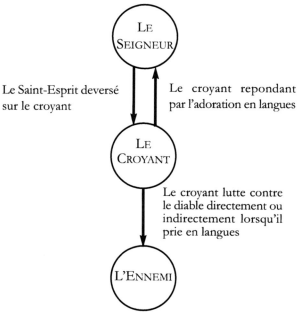

Le parler en langue : Le croyant, Le Seigneur et l'Ennemi

Dans mon ministère, j'ai trouvé que pendant que je chassais certains démons, il y avait une résistance à la délivrance au nom de Jésus jusqu'à ce que j'eusse parlé au démon en langues. Il y avait ensuite délivrance immédiate. En fait, une grande partie de mon ministère de délivrance a été une combinaison du parler en Anglais et en langues.

J'ai aussi trouvé qu'il y avait des moments où, pendant le ministère du baptême dans le Saint-Esprit, l'Esprit descendait sur la personne seulement lorsque j'avais imposé mes mains sur elle en priant an langues. Quelquefois j'ai eu à réprimander en langues de mauvais esprits interférant avant que la personne qui était en train de recevoir ministère n'ai pu être remplie du Saint-Esprit et parler en d'autres langues.

LES DANGERS DE L'INGRATITUDE

J'ai rencontré plusieurs croyants qui parlent en langues mais qui confessent qu'ils ne reçoivent aucune bénédiction spirituelle du parler en langues, que c'est devenu toute une routine froide de manière qu'ils se demandent s'il n'y a rien d'autre dans le baptême dans le Saint-Esprit en dehors du parler en langues. En réalité il y a plus que le parler en langues dans le baptême dans le Saint-Esprit. Mais je suis inquiet au sujet de ces gens. Je pense qu'ils ont un réel problème qui est plus profond et qui n'a rien à voir avec le parler en langues. C'est un problème que j'ai eu. Je fus sauvé à l'âge de 21 ans pendant ma première semaine à l'Université. Je travaillais ardemment dans l'évangélisation et l'année suivante, pour la première fois, j'ai conduit au Seigneur un autre étudiant à qui j'avais rendu témoignage pendant longtemps. Après que je sois sorti de sa chambre où il venait juste de recevoir le Seigneur, j'étais si rempli de joie que je marchais comme dans les nuages. Pendant les trois jours suivants, j'étais si joyeux que je n'avais aucun désir pour la nourriture. J'étais plein. Je priais pour mon enfant spirituel au moins une fois à chaque heure. J'allais lui rendre visite trois fois à chaque heure. J'allais lui rendre visite trois fois par jour. J'étais anxieux qu'il vienne à l'assemblée, qu'il ait sa méditation quotidienne, etc... J'ai prié et prié et pendant que je travaillais pour son progrès spirituel, je m'arrêtais plusieurs fois pour remercier le Seigneur pour son Salut et le merveilleux privilège qu'Il m'avait donné d'être utilisé pour l'amener à Lui. Pendant que je continuais à remercier Dieu pour son salut, je continuais aussi à être rempli de joie au sujet de ce que le Seigneur avait fait. Avec le temps, je commençais à voir des individus, ensuite de petits groupes et un jour, j'ai vu 969 personnes se tourner à Christ après que j'eus prêché un message évangélique. Comme plusieurs personnes répondaient favorablement à l'Evangile de Christ prêché par moi, je commençai progressivement à prendre les choses pour acquises jusqu'à ce que cela devint pour moi une chose normale de voir les gens se tourner au Seigneur pendant les réunions d'évangélisation. J'étais joyeux lorsque je les voyais prendre la décision la plus importante qui puisse être. Je priais moins pour eux et je travaillais moins pour m'assurer qu'ils continuaient dans le Seigneur. J'étais moins reconnaissant au Seigneur pour chacun d'entre eux et je me souviens d'une soirée où je n'ai donné au Seigneur qu'un formel « Merci Seigneur pour ceux qui ont cru ce soir ». Avec ce manque de gratitude arriva aussi la disparition de la joie de voir les perdus être sauvés. Je reconnais avoir fait la même chose en ce qui concerne la délivrance des démons. La première fois que j'ai délivré quelqu'un qui avait un démon, j'étais plein de gratitude envers le Seigneur et ma joie était immense. Mais en voyant plusieurs personnes être délivrées, j'ai perdu ce sens du merveilleux et d'actions de grâces au Seigneur. C'est horrible. Je confesse que la même chose s'applique au baptême dans le Saint-Esprit. Quand j'avais pour la première fois imposé les mains sur quelqu'un et que j'avais prié pour qu'il reçoive le baptême dans le Saint-Esprit et le frère a commencé immédiatement à parler en langues, j'étais si excité et plein de louange envers le Seigneur. Il y a trois semaines, lorsque 85 personnes furent baptisées dans le Saint-Esprit et parlèrent en langues pour la première fois en une soirée je n'étais pas aussi rempli de louanges envers Dieu comme auparavant. Je commençais à prendre cela comme un acquis, une chose normale qui devrait arrivera. Je me repens très sincèrement de cette ingratitude, ce fait de prendre Dieu pour acquis. Seigneur, pardonne-moi pour avoir pris tes merveilleux miracles de salut, de délivrance des démons au nom de Jésus, et du baptême dans le Saint-Esprit pour acquis. Pardonne-moi de ce qu'au lieu d'être progressivement reconnaissant du fait que tu m'as choisi pour m'utiliser à un niveau plus large, j'ai plutôt pris ta puissance pour un acquis. Seigneur, je me repens. Je prendrai désormais régulièrement du temps pour te remercier à chaque manifestation de ta puissance à travers moi. Merci Seigneur pour m'avoir pardonné. Amen.

Je crois que ceux qui ne prennent pas du temps chaque jour pour remercier le Seigneur pour le privilège de parler en d'autres langues, qui n'utilisent pas ce don avec une constante gratitude, qui minimisent le don parce que plusieurs autres l'ont reçu, qui disent que c'est le moindre des dons, qui donnent l'impression qu'ils seraient juste normaux avec ou sans ce don, vont bientôt le trouver ennuyeux. Leur problème découle de l'ingratitude et puisqu'ils ne voient pas la nécessité de remercier le Seigneur pour le don du parler en langues qu'ils ont déjà, Dieu ne s'ennuie pas à écouter leurs cris pour les autres dons spirituels pour lesquels ils l'implorent. Qu'est-ce qui garantit le fait que tout autre don que le Seigneur leur donnera sera utilisé avec reconnaissance ?

Repens-toi aujourd'hui de ton ingratitude au sujet du don de langues. Remercie le Seigneur quotidiennement pour cela. Traite cela comme le trésor honorable qu'il est et tu sera béni dans tout ton être.

Le parler en langues en tant que preuve evidente du baptême dans le Saint-Esprit

1. LA PROMESSE DU SEIGNEUR DANS L'ANCIEN TESTAMENT

Le Seigneur dit : « *Car par des lèvres bégayantes et par une langue étrangère il parlera à ce peuple, auquel il avait dit : C'est ici le repos, faites reposer celui qui est las ; et c'est ici ce qui rafraîchit. Mais ils n'ont pas voulu entendre.* » (Esaïe 28:11-12).

Le Seigneur avait promis parler par des hommes aux lèvres bégayantes et avec une langue étrangère. Les lèvres bégayantes et la langue étrangère. c'est le parler en langues. Ceci est davantage indiqué par le fait que ce qui devrait être dit n'allait pas être immédiatement compréhensible. Le prophète dit : « *Et la parole de l'Eternel leur a été commandement sur commandement, commandement sur commandement, ligne sur ligne ligne sur ligne ici un peu ici un peu Afin qu'ils marchent, et qu'ils tombent en arrière et qu'ils soient brisés, et enlacés, et pris* » (Esaïe 28:13).

2. LA PROMESSE DU SEIGNEUR JESUS DANS LE NOUVEAU TESTAMENT

Le Seigneur Jésus leur dit : « *Allez dans le monde, et prêchez l'Evangile à toute la création. Celui qui aura cru et qui sera baptisé sera sauvé ; et celui qui n'aura pas cru sera condamné. Et ce sont ici les signes qui accompagneront ceux qui auront cru ; en mon nom ils chasseront les démons ; ils parleront de nouvelles langues ; ils prendront des serpents ; et quand ils auront bu quelque chose de mortel, cela ne leur nuira point, ils imposeront les mains aux malades et ceux-ci seront guéris. Le Seigneur donc après leur avoir parlé, fut élevé en haut dans le ciel, et s'assit à la droite de Dieu. Et eux, étant partis prêchèrent partout, le Seigneur travaillant avec eux, et confirmant la pa-*

role par les signes qui l'accompagnaient » (Marc 16:15-20

Le Seigneur avait promis et Il s'attend à ce que les cinq signes (miracles) suivants accompagnent ceux qui croient en Lui :

1. En Son nom ils chasseront les démons
2. Ils parleront de nouvelles langues
3. Ils saisiront des serpents
4. S'ils prennent quelque breuvage mortel, il ne leur fera point de mal.
5. Ils imposeront les mains aux malades et ceux-ci seront guéris.

Le premier signe, celui de chasser les démons au nom de Jésus, ne peut être impliqué que quand un croyant rencontre quelqu'un qui a des démons ou qui est possédé par des démons. Si une telle personne ou de telles personnes sont absentes, ce signe ne peut être rendu manifeste.

Le troisième signe qui est celui de saisir les serpents ne peut s'appliquer qu'en présence des serpents. En l'absence des serpents, ce signe non plus ne peut se manifester.

Le quatrième signe qui consiste à boire quelque chose de mortel, sans que cela leur nuise, est déjà conditionnel. Si le croyant ne boit rien de mortel, il ne sera jamais nécessaire que ce signe soit manifesté.

Le cinquième signe : qu'ils imposeront les mains aux malades et ceux-ci seront guéris ne pourra s'appliquer que là où il y a des gens malade. S'ils sont absents, ce signe ne sera jamais manifesté.

Le seul signe qui peut toujours être manifesté partout où il y a des croyant c'est le deuxième, c'est-à-dire parler de nouvelles langues. Ce signe peut toujours se manifester n'importe quand et partout où il y a un croyant. Aucune autre condition n'est nécessaire pour son accomplissement. Il devient alors un signe très important, celui qui est à la disposition de tous les croyants en tout temps. Si le Seigneur avait dit que ce signe accompagnera ceux qui auront cru, alors nous pouvons certainement Lui demander que ce signe accompagne chaque croyant. Tu peux personnellement demander qu'il t'accompagne chaque croyant. Tu peux personnellement demander qu'il t'accompagne. Ne fais pas de toi-même l'exception. Demande et tu recevras. Le Seigneur travaillait avec les premiers disciples. Il confirmait leur message par des signes qui l'accompagnaient, y inclu le signe de parler en de nouvelles langues.

3. LE JOUR DE LA PENTECOTE

La Bible dit : « *Et comme le jour de la Pentecôte s'accomplissait, ils étaient ensemble dans un même lieu. Et il se fit entendre tout à coup du ciel un son, comme d'un souffle violent et impétueux, et il remplit toute la maison où ils étaient assis. Et il leur apparut des langues divisées comme de feu ; et elles se posèrent sur chacun d'eux. Et ils furent tous remplis de l'Esprit Saint, et commencèrent à parler en d'autres langues, selon que l'Esprit leur donnait de s'énoncer.* » (Actes 2:1-4).

Il y eut plusieurs signes qui furent manifestés le jour de la Pentecôte. Ils englobaient ce qui suit :

1. 1.Un son se fit entendre tout à coup du ciel, comme celui d'un souffle violent et impétueux.
2. 2.Ce son remplit toute la maison où ils étaient assis.

3. 3.Des langues comme de feu leur apparurent.
4. 4.Des langues comme de feu qui leur apparurent se divisèrent et se déposèrent sur chacun d'eux.
5. 5.Ils se mirent à parler en d'autres langues, selon que l'Esprit leur donnait de s'énoncer.

Parmi les signes qui furent manifestes se trouvait le signe du parler en d'autres langues. Quand commencèrent-ils à parler en d'autres langues ? La Bible dit : « ils furent tous remplis de l'Esprit Saint et se mirent à parler en d'autres langues. » La chose la plus importante qui leur arriva fut qu'ils eurent été remplis du Saint-Esprit. Immédiatement après qu'ils eurent été remplis du Saint-Esprit, suivit de signe, le miracle du parler en d'autres langues. Rien d'autre ne s'était passé entre leur état d'être remplis du Saint-Esprit et leur parler en d'autres langues. Une chose eut lieu et fut immédiatement suivie par l'autre.

Quelqu'un a dit que lorsqu'ils furent remplis du Saint-Esprit, c'était comme s'ils avaient « aspiré » le Saint-Esprit dans toute sa plénitude. Il les remplit. Il y avait donc le besoin « d'expirer ». Ils « expirèrent » par le parler en d'autres langues. Pendant qu'ils « expiraient » en parlant en d'autres langues, ils disaient en des langues différentes les oeuvres puissantes de Dieu. Les deux étaient des activités de Dieu. C'était le Seigneur qui les remplissait du Saint-Esprit. C'était aussi le Seigneur qui leur donnait de s'exprimer. Cependant, dans les deux événements; ils avaient une part à jouer ; ils devaient coopérer avec Dieu.

Pour la part d'être rempli, ils devaient être disponibles et être dans un état où le Saint-Esprit pouvait les remplir. Sans cette contribution de leur part Dieu ne pouvait pas les remplir. Ensuite pour la part du parler en d'autres langues, ils devaient parler selon que le Saint-Esprit leur donnait de s'énoncer. S'ils refusaient de parler ; s'ils s'entêtaient à fermer leur bouche, il n'y aurait pas eu de parler en langues, bien que le Saint-Esprit leur eût donné de s'exprimer. Il pouvait leur donner l'expression mais Il ne pouvait pas parler pour eux. Ils devaient faire la part du parler. Dieu merci parce qu'ils le firent.

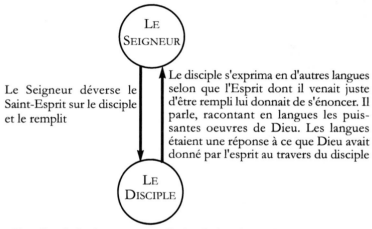

Le disciple étant rempli du Saint-Esprit et son parler en d'autres langues le jour de la pentecote

Les résultats secondaires du fait que les disciples furent remplis du Saint-Esprit le jour de la Pentecôte et de leur parler en d'autres langues fut que des multitudes de ceux qui avaient accouru les entendaient raconter en leurs propres langues les oeuvres puissantes de Dieu. Ils étaient émerveillés et s'assemblèrent, ce qui donna à Pierre et aux autres apôtres l'occasion de leur rendre ministère. Cependant, le fait d'être rempli du Saint-Esprit le jour de la Pentecôte et l'accompagnement par le parler en langues n'étaient pas à priori destiné à la foule, mais aux disciples et à leur Seigneur.

Nous insistons à partir de cet événement qui eut lieu le jour de la Pentecôte que le signe qui suivit immédiatement après que les disciples furent remplis du Saint-Esprit pour la première fois, c'était qu'ils parlèrent d'autres langues. Les autres signes suivirent les remplissages subséquents, mais le premier remplissage fut immédiatement suivi du parler en langues. Les autres manifestations qui suivirent les remplissages subséquents englobèrent les choses suivantes :

1. Alors Pierre rempli du Saint-Esprit, leur dit (Actes 4:8)
2. Ils furent tous remplis du Saint-Esprit et annonçaient la Parole de Dieu avec hardiesse. (Actes 4:31).

Plusieurs choses subviendront aux gens après qu'ils auront été remplis du Saint-Esprit pour la première fois, mais la première de ces choses sera toujours normalement le parler en d'autres langues.

Il n'est que normal que le premier débordement d'une personne après qu'elle ait été remplie du Saint-Esprit soit des langues de louanges et d'actions de grâces au Seigneur. Le jour de la Pentecôte, les spectateurs dirent : « *Nous les entendons annoncer dans nos langues des choses magnifiques de Dieu.* » (Actes 2:11). C'était sûrement des louanges au Seigneur. Dans la maison de Corneille, on entendit les gens parler en langues et magnifier Dieu. (Actes 10:46). Les Ephésiens parlèrent en langues et prophétisèrent (Actes 19:16). Puisque la Bible dit que celui qui parle en langues adresse des mystères en esprit à Dieu (1 Corinthiens 14:2) alors que celui qui prophétise parle aux hommes (1 Corinthiens 14:3). Nous pouvons conclure que les Ephésiens rendirent d'abord ministère à Dieu et ensuite aux hommes.

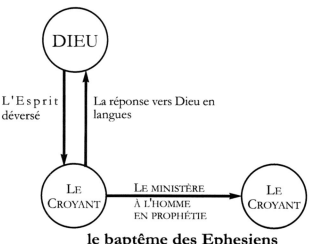

le baptême des Ephesiens

Le Seigneur appela les douze pour être avec Lui et pour les envoyer prêcher et guérir (Marc 3:14). Le premier but de l'appel était ainsi le ministère au Seigneur et ce n'est qu'en second lieu qu'il devait être aux hommes. Les premiers fruits devaient être offerts au Seigneur ; la première dîme devait être offerte au Seigneur.

Voyant ainsi le fait que la première de toutes choses devrait être offerte au Seigneur, on comprend que la première fois qu'une personne est remplie du Saint-Esprit, elle devrait répondre vers Dieu en langues afin que le Seigneur reçoive les prémices de toutes choses.

Considérant les exemples dans le livre des Actes où Pierre est mentionné comme étant rempli du Saint-Esprit, nous voyons que lorsqu'il fut rempli pour la première fois, il le manifesta vers Dieu en langues et les autres fois, il coula vers l'homme dans le ministère rendu à l'homme.

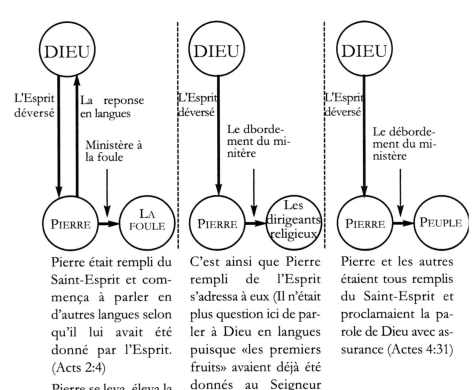

Pierre était rempli du Saint-Esprit et commença à parler en d'autres langues selon qu'il lui avait été donné par l'Esprit. (Acts 2:4)

Pierre se leva, éleva la voix et s'adressa à la foule. (Actes 2:14)

C'est ainsi que Pierre rempli de l'Esprit s'adressa à eux (Il n'était plus question ici de parler à Dieu en langues puisque «les premiers fruits» avaient déjà été donnés au Seigneur (Actes 4:8)

Pierre et les autres étaient tous remplis du Saint-Esprit et proclamaient la parole de Dieu avec assurance (Actes 4:31)

La première fois que quelqu'un est rempli de l'Esprit, il répond normalement vers Dieu en louanges et en actions de grâces (en langues) au Seigneur. Les débordements subséquents peuvent alors être un ministère à l'homme. Ceci met chaque chose dans sa perspective normale de manière que tout soit fait d'abord pour la gloire de Dieu et secondement pour rendre ministère aux besoins de l'homme.

4. Corneille et sa maison

La Bible dit : « Comme Pierre prononçait encore ces mots, l'Esprit Saint tomba sur tous ceux qui entendaient la Parole. Et les fidèles de la circoncision, tous ceux qui étaient venus avec Pierre, s'étonnèrent de ce que le don du Saint-Esprit. Il le fit et le premier signe qui suivit fut qu'on entendait ces gentils parler en d'autres langues et magnifier Dieu ». Ainsi le premier signe fut qu'il parlèrent en d'autres langues.

Plusieurs des signes qui furent manifestés le jour de la Pentecôte quand le Saint-Esprit était descendu sur les disciples, étaient absents dans la maison de Corneille. Il n'y avait pas de son comme le bruit d'un vent violent et impétueux. Il n'y avait pas de langues de feu déposées sur les gens.

Il y avait un seul signe présent à la fois le jour de la Pentecôte et dans la maison de Corneille. Ce signe était le parler en langues.

Bien que ce fût le seul signe manifesté, l'apôtre Pierre dit : « *Ces gens ont reçu le Saint-Esprit comme nous.* » (Actes 10:47). Il continua à expliquer aux autres: « *Et comme je commençais à parler, l'Esprit Saint tomba sur eux, comme aussi il est tombé sur nous au commencement.* » (Actes 11:15). Il argumenta : « *Si donc Dieu leur a fait le même don qu'à nous...* » (Actes 11:17).

Quand l'apôtre Pierre vit que ceux de la maison de Corneille parlaient en langues, il rapprocha ce qui se passait en ces gens reçurent le Saint-Esprit juste comme eux-mêmes. Il ajouta en disant que le « Saint-Esprit tomba sur eux comme il est tombé sur nous ».

Nous concluons à partir de ces passages que lorsque le Saint-

Esprit descend sur un croyant et que cela se manifeste par le parler en langues, ce croyant:
1. A reçu le Saint-Esprit aussi bien que les apôtres ;
2. Le Saint-Esprit est tombé sur lui comme Il était tombé sur les apôtres ;
3. Dieu lui a fait le même don comme Il l'avait fait aux apôtres.

LE PARLER EN LANGUES ET LE BAPTÊME DANS LE SAINT-ESPRIT

L'apôtre Pierre dit : « *Et comme je commençais à parler, l'Esprit Saint tomba sur eux, comme aussi il est tombé sur nous au commencement. Et je me souvins de la parole du Seigneur, comment il a dit : Jean a baptisé avec de l'eau mais vous, vous serez baptisés de l'Esprit Saint. Si donc Dieu leur a fait le même don qu'à nous qui avons cru au Seigneur Jésus-Christ, qui étais-je, moi, pour pouvoir l'interdire à Dieu ? Et ayant ouï ces choses, ils se turent et glorifièrent Dieu disant : Dieu a donc en effet donné aux nations la repentance pour la vie !* » (Actes 11:15-18).

L'apôtre Pierre n'avait pas seulement assimilé ce qui se passa dans la maison de Corneille à ce qui était arrivé au jour de la Pentecôte. Il l'assimila aussi au baptême dans le Saint-Esprit que le Seigneur avait promis.

Avant le jour de la Pentecôte, le Seigneur leur avait dit : « *Car Jean a baptisé avec de l'eau ; mais vous, vous serez baptisés de l'Esprit Saint, dans peu de jours.* » (Actes 1:5).

le jour de la Pentecôte, ils furent remplis du Saint-Esprit et se mirent à parler en d'autres langues, selon que l'Esprit leur donnait de s'exprimer. Ce fait d'être rempli du Saint-Esprit avec le

Signe accompagnateur du parler en d'autres langues, c'est ce que le Bible appelle le baptême dans le Saint-Esprit.

Une personne est donc baptisée dans le Saint-Esprit une seule fois, mais elle peut et devrait être remplie plusieurs fois.

Le terme baptême dans le Saint-Esprit parle de la première fois qu'une personne est remplie du Saint-Esprit. Pour savoir si le baptême a eu lieu, la personne devrait parler en langues.

Une personne peut être remplie du Saint-Esprit mais ne pas parler en langues. On ne devrait pas dire qu'elle a été baptisée dans le Saint-Esprit, car le baptême est toujours suivi par le parler en d'autres langues.

Quand quelqu'un a été baptisé dans le Saint-Esprit, à d'autres occasions, il ne peut être que rempli. Il n'est pas baptisé plusieurs fois. Il n'est pas baptisé dans le Saint-Esprit chaque fois qu'il parle en langues. Normalement, il devrait parler en langues à partir du moment où il est baptisé dans le Saint-Esprit jusqu'à ce qu'il rencontre le Seigneur dans les airs ou bien lorsqu'il s'en va demeurer avec le Seigneur.

5. Les croyants en Samarie

La Bible dit : « *Mais quand il eurent cru Philippe leur annonçait les bonnes nouvelles touchant le royaume de Dieu et le nom de Jésus-Christ, tant les hommes et les femmes furent baptisés. Et Simon crut aussi lui-même ; et après avoir été baptisé, il se tenait toujours auprès de Philippe ; et voyant les prodiges et les grands miracles qui se faisaient, il était dans l'étonnement. Or les apôtres qui étaient à Jérusalem, ayant appris que la Samarie avait reçu la Parole de Dieu, leur envoyèrent Pierre et Jean, qui, étant descendus, prièrent pour eux, pour qu'ils reçussent l'Esprit-Saint : car il n'était encore tombé sur aucun d'eux, mais seulement ils avaient été baptisés pour le nom du Seigneur Jésus. Puis ils leur imposèrent les mains, et ils reçurent l'Esprit Saint. Or Simon, voyant que l'Esprit Saint était donné par l'imposition des mains des apôtres, leur offrit de l'argent, disant : Donnez-moi aussi ce pouvoir, afin que tous ceux à qui j'imposerai les mains reçoivent l'Esprit Saint.* » (Actes 8:12-19).

Les samaritains avaient cru. Ils avaient vu plusieurs signes et de grands prodiges opérés par Philippe. Ils furent baptisés dans l'eau. Il y eut beaucoup de joie dans la ville.

Le Saint-Esprit n'était encore descendu sur aucun d'eux. Il n'étaient pas encore baptisés dans le Saint-Esprit. Ils n'avaient pas encore reçu le don du Saint-Esprit.

Les apôtres à Jérusalem apprirent que la Samarie avait reçu la parole de Dieu. Ils envoyèrent Pierre et Jean qui descendirent et prièrent pour eux afin qu'ils reçussent le Saint-Esprit, car il n'était encore descendu sur aucun d'eux, mais ils avaient été baptisés au nom du Seigneur Jésus.

Comment les apôtres avaient-ils su que la Samarie avait reçu la Parole ? Ils l'avaient su parce que ces gens rendaient témoignage de la foi en Jésus et avaient été baptisé en Son Nom.

Comment les disciples savaient-ils que le Saint-Esprit n'était pas encore descendu sur les croyants en Samarie ? Ils n'avaient pas parlé en d'autres langues selon que l'Esprit leur donnait de s'exprimer. Ce qui leur était arrivé au jour de la Pentecôte n'avait pas encore eu lieu. La manifestation évidente du parler en langues n'avait pas encore eu lieu. Ce qui s'était passé dans la maison de Corneille, ce qui avait convaincu Pierre du fait que ces gens avaient reçu le Saint-Esprit juste comme eux ils L'avaient reçu (ce qui fut manifesté par le parler en langues), était absent.

Avec cet ingrédient essentiel du parler en langues qui manquait, les apôtres savaient qu'il fallait que le ministère ait lieu.

On pourrait poser la question : « Les croyants à Samarie avaient-ils parlé en d'autres langues selon que le Saint-Esprit leur donnait l'expression ou bien ils ne parlèrent pas ? »

Ma réponse à cette question est : « Ils avaient certainement parlé », car s'ils n'avaient pas parlé en langues, comment Pierre et Jean auraient-ils su que ces gens avaient reçu le Saint-Esprit par l'imposition de leurs mains sur eux ? Auraient-ils pu être satisfaits si après avoir prié pour la première personne afin qu'elle reçoive la promesse du Père et après qu'ils aient imposé les mains, rien ne se passa et ils continuèrent sur la deuxième personne et ensuite sur la troisième et ainsi de suite ? Pierre avait vu l'évidence du parler en d'autres langues dans la maison de Corneille. Il serait de même consistant qu'il avait dû voir la même évidence parmi les croyants de Samarie pour conclure qu'ils avaient reçu le jour de la Pentecôte.

Il y eut cette demande de Simon, l'ancien sorcier. La Bible dit : « *Puis ils leur imposèrent les mains, et ils reçurent l'Esprit Saint. Or Simon, voyant que l'Esprit Saint était donné par l'imposition des mains des apôtres, leur offrait l'argent disant : Donnez-moi aussi ce pouvoir, afin que tous ceux à qui j'imposerai les mains reçoivent l'Esprit Saint.* » (Actes 8:17-19).

Simon avait vu les choses comme suit : Avant que les apôtres n'imposent leurs mains sur une personne, cette personne n'avait pas encore reçu le Saint-Esprit de cette manière spéciale. Quand les apôtres imposaient leurs mains des apôtres... Il vit quelque chose d'extraordinaire se passer. Pour chaque cas, il y avait pour lui une évidence qu'il pouvait voir. C'était ce qu'il vit qui fit un tel impact sur lui et qui le poussa à vouloir que la puissance fasse la même chose par lui. Simon connaissait le pouvoir et l'influence des arts magiques. Il avait dû voir qu'il se passait quelque chose de plus grand que le pouvoir magique, de manière qu'il était prêt à poursuivre cela. Simon serait-il en train d'offrir de l'argent recevoir le pouvoir d'imposer les mains sur les gens et que rien ne se passe ? Certainement non.

Nous concluons que ce que Simon voyait arriver à travers l'imposition des mains des apôtres était la même chose que Pierre et le reste des gens avaient vu arriver sur eux le jour de la Pentecôte, le parler en d'autres langues. Nous concluons que Pierre avait vu la même chose dans le cas des Samaritains, qu'il avait vu la même chose dans le cas des Samaritains, qu'il avait vu la même chose dans la maison de Corneille : le parler en d'autres langues.

Finalement, nous ajoutons que ce n'est qu'en comprenant les choses de cette manière que la mission de Pierre et de Jean en Samarie a un sens. Il s'y étaient rendus parce qu'ils avaient appris que la Samarie avait reçu la Parole du Seigneur mais que le Saint-Esprit n'était pas encore tombé sur eux. Ils s'en retournèrent après avoir accompli une mission. Comment aurait-elle pu être accomplie sans qu'ils soient en position de dire aux autres apôtres à Jérusalem que les Samaritains avaient reçu le Saint-Esprit comme eux-mêmes L'avaient reçu au jour de la Pentecôte ?

Si tu trouves ici une exception au fait que le baptême dans le

Saint-Esprit est reçu et est immédiatement manifesté par le parler en d'autres langues tu le pourrais. Si tu fais cette exception et si tu veux être l'exception, tu as accepté d'être l'exception. Cependant, saches que le Seigneur ne veut pas que tu sois l'exception. Il veut te baptiser dans le Saint-Esprit et Son Esprit veut te donner de t'exprimer afin que tu puisses parler en d'autres langues. Ne rejette pas ce qui est une part de ton héritage.

La Bible dit : « *Voici les signes qui accompagneront ceux qui auront cru... Ils parleront de nouvelles langues.* » (Marc 16:17-18). Ceci t'inclut.

6. LES CROYANTS D'EPHÈSE

« *Or il arriva comme Apollos était à Corinthe, que Paul, après avoir traversé les contrées supérieures, vint à Ephèse, et ayant trouvé certains disciples, il leur dit avez-vous reçu l'Esprit Saint après avoir cru ? Et ils lui dirent : Mais nous n'avons même pas ouï dire si l'Esprit Saint est. Et il dit : De quel baptême avez-vous été baptisés ? Et ils dirent : Du baptême de Jean. Et Paul dit : Jean a baptisé de la repentance, disant au peuple qu'ils crussent en celui qui venait après lui, c'est-à-dire en Jésus. Et ayant ouï ces choses, ils furent baptisés pour le nom du Seigneur Jésus ; et Paul leur ayant imposé les mains, l'Esprit Saint vint sur eux, et ils parlèrent en langues et prophétisèrent. Ils étaient en tout environ douze hommes.* » (Actes 19:1-7).

L'apôtre Paul imposa les mains à ces gens après qu'ils aient cru et aient été baptisés. Le Saint-Esprit vint sur eux et ils parlèrent en langues et prophétisèrent. Une fois de plus, la première chose qui leur survint après que le Saint-Esprit soit descendu sur eux, fut qu'ils parlèrent en langues. Au parler en langues s'ajoute la prophétie.

7. Saul de Tarse

Saul de Tarse avait rencontré le Seigneur sur la route de Damas. Cela fut suivi de trois jours d'aveuglement pendant lesquels ils ne mangea ni ne but. Le Seigneur envoya Ananias vers lui afin que Saul reçoive ministère. Il s'en alla vers Saul et la Bible dit: « *Et Ananias, s'en alla et entra dans la maison ; et lui imposant les mains, il dit : Saul mon frère, le Seigneur, Jésus qui t'est apparu dans le chemin par où tu venais, m'a envoyé pour que tu reçoive la vue et que tu sois remplis du Saint-Esprit. Et aussitôt il tomba de ses yeux comme des écailles ; et il recouvra la vue ; et se levant, il fut baptisé, et ayant mangé il reprit des forces.* » (Actes 9:17-19).

Ananias dit qu'il était envoyé vers Saul afin :
1. qu'il recouvre la vue et
2. qu'il soit rempli du Saint-Esprit.

Saul de Tarse avait-il été rempli du Saint-Esprit? Je crois fermement qu'il le fut puisque la première chose qui devait lui arriver (le recouvrement de la vue) eut lieu, il n'y a donc aucune raison de croire que la seconde chose n'eut pas lieu.

Saul de Tarse avait-il parlé en langues après qu'il fût rempli du Saint-Esprit pour la première fois, Je dois honnêtement dire que je ne sais pas. Il se pourrait ou il ne se pourrait pas qu'il ait parlé en langues. Les Ecritures sont muettes à ce sujet. Nous devons aussi garder silence et dire qu'il y a un cas mentionné dans le livre des Actes où il se pourrait que quelqu'un ait été rempli du Saint-Esprit pour la première fois et il se pourrait qu'il n'ait pas parlé immédiatement en langues.

Cependant Paul (Saul) parlait effectivement en langues. Il dit aux Corinthiens : « Je rends grâces à Dieu de ce que je parle en langues plus que tous. »

Ainsi, Saul n'était pas exempté de ce signe dont le Seigneur avait dit qu'il accompagnerait tous ceux qui auront cru. Lui aussi parlait en langues.

Quand est-ce que Saul parla en langues pour la première fois ? Nous ne savons pas. Nous savons cependant avec certitude qu'il fut rempli du Saint-Esprit et qu'il parlait en langues immédiatement ou quelque temps après qu'il fût rempli du Saint-Esprit pour la première fois.

Si nous prenons les cinq exemples que nous avons cité à partir du livre des Actes des apôtres :
- le jour de la Pentecôte
- les croyants en Samarie
- la maison de Corneille
- les croyants d'Ephèse
- Saul de Tarse

Nous pouvons dire que quatre sur cinq croyants au moins devaient parler en d'autres langues immédiatement après qu'ils soient remplis du Saint-Esprit pour la première fois. Un sur cinq croyants pourrait ne pas parler en d'autres langues immédiatement après qu'il ait été rempli du Saint-Esprit pour la première fois, mais il devrait après parler en d'autres langues. Tous les cinq exemples suggèrent que tous les croyants devraient parler en d'autres langues aussitôt ou après qu'ils aient été remplis du Saint-Esprit pour la première fois. Considérant la promesse de Jésus selon laquelle ceux qui croient en Lui seront accompagné par le signe du parler en d'autres langues, nous recommandons avec confiance à tous les croyants de rechercher le baptême dans le Saint-Esprit avec l'accompagnement du parler en d'autres langues. Nous croyons que tous ceux qui présentent un coeur pur au Seigneur Jésus et Lui demandent de les remplir du Saint-Esprit avec le signe accompagnateur du parler en d'autres langues, ils recevront la même chose du Seigneur Jésus car quiconque demande reçoit. Amen.

POURQUOI LES LANGUES ?

Une question qui ennuie souvent les gens c'est pourquoi attache-t-on une si grande importance aux langues ? Dans un sens, je ne le sais pas car c'est le Seigneur et non l'homme qui choisit de mettre l'emphase sur les langues. Il sait mieux pourquoi Il a fait ce choix. Dans un autre sens, je sais pourquoi Il a mis une si grande emphase sur les langues. La raison en est que tous les autres dons du Saint-Esprit :

- une parole de Sagesse
- une parole de connaissance
- la foi
- le discernement des esprits
- les différents types de guérisons
- la prophétie
- l'opération des miracles

s'étaient déjà manifesté dans l'ancien Testament, dans la vie du Seigneur Jésus et des apôtres antérieurement au jour de la Pentecôte. Le seul don spirituel qui survint avec la descente du Saint-Esprit sur les disciples fut le parler en d'autres langues et l'interprétation de celles-ci les langues sont donc le don spécial du Saint-Esprit dans cette dispensation. C'est pourquoi il est normal que le Seigneur veuille donner cette manifestation à tous Ses enfants dans cette dispensation pendant qu'Il les baptise dans le Saint-Esprit.

Nous t'encourageons à recevoir du Seigneur le don spirituel spécial pour cette dispensation.

Amen.

Recevoir le baptême dans le Saint-Esprit-1 :
Être rempli par le Saint-Esprit

Que doit faire une personne pour être remplie du Saint-Esprit ? La réponse est simple. Il y a deux conditions fondamentales sur lesquelles il faut réfléchir et agir.

1. Offrir au Saint-Esprit un vase propre à remplir

Tu veux être rempli du Saint-Esprit. Il est le Saint-Esprit. Il ne remplira qu'un vase pur. Ceci signifie que tu dois confesser tout péché dans ta vie et l'abandonner. Ce traitement radical du péché est indispensable pour le baptême dans le Saint-Esprit. J'imagine qu'être rempli par le Saint-Esprit c'est comme si nous élevions au Seigneur les « coupes » de notre vie. Il vient avec le Saint-Esprit pour Le déverser dans chaque coupe propre. Chaque croyant élève sa coupe au Seigneur afin qu'Il la remplisse. Il va d'un croyant à l'autre, regardant dans la coupe de chacun. Quand il trouve une coupe propre, Il y déverse le Saint-Esprit jusqu'au débordement. Quand Il trouve une coupe sale, Il passe outre sans y avoir rien déversé.

Tu es en train de traiter avec Dieu. Il connaît ton coeur. Il connaît les secrets de ton coeur. Tu ne peux pas le tromper par des confessions partiellement. Tu ne peux pas le tromper par des confessions qui ne sont pas accompagnées d'un désir de mettre fin à toute pratique du péché. Des choses de demi-mesure ne seront pas acceptées.

Dieu cherche des vases pour les remplir et les utiliser. Es-tu l'un d'eux ? La Bible dit : « *Or, dans une maison, il n'y a pas seulement des vases d'or et d'argent, mais aussi de bois et de terre ; et les uns à honneur les autres à déshonneur. Si donc quelqu'un se purifie de ceux-ci, il sera un vase d'honneur, sanctifié, utile au maître, préparé pour toute bonne oeuvre.* » (2 Timothée 2:20-21). La Parole de Dieu dit : « Si donc quelqu'un se purifie... » Nous sommes des enfants de Dieu. Nous pouvons nous purifier nous-mêmes. Si nous ne le faisons pas, Dieu ne le fera pas pour nous. Il nous remplira de son Saint-Esprit. Ce n'est pas à nous de le faire. D'autre part, nous devons nous purifier nous-mêmes. Il ne le fera pas.

2. CONSACRER LE VASE PROPRE AU SEIGNEUR

Il ne suffit pas que le vase de notre vie soit purifié. Après qu'il ait été purifié, on doit le Lui consacrer. Qu'est-ce que la consécration ? C'est séparer une personne particulière ou un objet particulier de l'utilisation de toute autre personne et la mettre complètement à part pour que le Seigneur l'utilise. L'apôtre dit : « *Je vous exhorte donc, frères, par les compassions de Dieu, à présenter vos corps en sacrifice vivant, saint, agréable à Dieu, ce qui est votre service intelligent* » (Romains 12:1). La consécration signifie que tout ce que tu es maintenant et tout ce que tu pourras jamais être ; tout ce que tu as maintenant et tout ce que tu pourras jamais avoir, sont séparés du « moi » en toi, séparés du monde et séparés du diable. Ils sont alors offerts au Seigneur afin de Lui appartenir et de Le servir de la manière qu'Il choisit, aussi longtemps qu'Il le veut. La consécration signifie que celui qui est consacré perd son droit d'auto-détermination en toutes choses. Il perd ce droit en le soumettant inconditionnellement et irrévocablement au Seigneur Jésus. La consécration signifie que Jésus est établi, intronisé en tant que le Seigneur de la vie à jamais.

Il est intronisé en tant que le Seigneur de tout, car soit qu'Il est le Seigneur de tout soit qu'Il n'est Seigneur de rien. Il ne sera pas Seigneur de certains domaines de la vie d'une personne alors que les autres domaines sont contrôlées par la personne elle-même ou par une autre personne, un système ou une chose.

On ne peut pas trop insister sur ce sujet de la Seigneurie de Jésus, car c'est à la base même d'être rempli du Saint-Esprit. Le jour de la Pentecôte, Pierre dit : « *Ce Jésus, Dieu l'a ressuscité, ce dont nous, nous sommes tous témoins. Ayant donc été exalté par la droite de Dieu, et ayant reçu de la part du Père l'Esprit Saint promis, il a répandu ce que vous voyez et entendez.* » (Actes 2:32-33). Avant la première Pentecôte, le Père a exalté le Fils. A partir de cette position d'exaltation sur le trône, le Fils a reçu le Saint-Esprit et l'a déversé sur les disciples sans être intronisé. Dieu a établi que toutes les autres « Pentecôtes personnelles » seront précédées par l'intronisation du Seigneur Jésus sur le coeur du croyant qui désire être rempli. A défaut de cet abandon total au Seigneur Jésus, s'il n'est pas établi comme Seigneur, les gens cherchent en vain le baptême dans le Saint-Esprit. Cela est juste. N'est-ce pas ? Comment le Seigneur Jésus peut-Il baptiser dans le Saint-Esprit quelqu'un qui a une autre personne ou une autre chose sur le coeur ? Une personne, normalement, est remplie de ce qu'il y a sur le trône de son coeur. Lorsqu'il y a quelque chose d'autre, il n'y a aucune possibilité pour que la personne soit baptisée dans le Saint-Esprit jusqu'à ce que cette chose soit détrônée et que le Seigneur soit intronisé. Une chose à noter c'est que ce détrônement de quelque chose qui est sur le coeur et l'intronisation du Seigneur Jésus peuvent avoir lieu en un laps de temps. Une personne peut venir à une réunion ayant quelque chose ou quelqu'un sur le coeur et pendant la réunion, se soumettre absolument au Seigneur et être rempli par le Saint-Esprit.

Quelles sont les choses qui peuvent occuper le trône du coeur d'une personne et par là faire qu'il soit impossible pour elle d'être remplie du Saint-Esprit ? Voici ci-dessous une liste de certaines des choses qui surgissent dans ma pensée en ce moment :

1. **LE « MOI » SOUS TOUTES SES FORMES ET RAMIFICATION :**
   - L'amour propre
   - La protection de soi
   - L'exhibition de soi
   - La publicité de soi
   - la promotion de soi
   - l'Exaltation de soi
   - l'apitoiement sur soi
   - etc

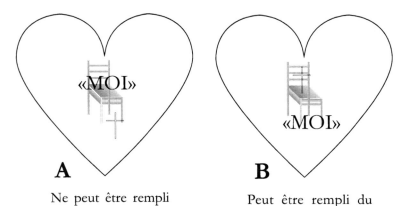

A
Ne peut être rempli du Saint-Esprit

B
Peut être rempli du Saint-Esprit

Le cercle représente le coeur humain. La chaise représente le trône du coeur. Dans la vie du moi, le « Moi » est sur le trône. Le Seigneur, représenté par la croix « + » est dans le coeur mais non sur le trône de A. La personne, c'est un croyant, mais il n'est pas consacré. Il ne peut pas être rempli du Saint-Esprit dans cette condition. Pour être rempli, le Seigneur Jésus doit être consciemment et activement sur le trône comme dans B.

2. Des émotions non consacrées.

Le Seigneur a exigé et Il exige un amour total. La Bible dit : « *Et tu aimeras l'Eternel ton Dieu de tout ton coeur, et de toute ton âme et de toute ta force.* » (Déteuronome 6:5).

Le coeur est fait pour aimer le Seigneur. Le coeur est cette partie de l'Esprit humain qui contrôle les fonctions émotionnelles de l'âme. L'amour du coeur c'est l'amour des émotions. S'il y a un autre amour sur le trône de ton coeur, tu ne peux pas être rempli par le Saint-Esprit jusqu'à ce que cet autre amour soit détrôné et que Jésus soit intronisé. Le Psalmiste dit : « *Qui ai-je dans les cieux ? Et je n'ai eu du plaisir sur la terre qu'en toi.* » (Psaumes 73:25).

Peux-tu aussi dire avec lui qu'il n'y a sur terre personne d'autre que tu désires en dehors du Seigneur ? S'il y a quelqu'un d'autre que tu désires en plus du Seigneur, alors ton coeur n'est pas parfait envers Dieu. Tu ne peux être rempli du Saint-Esprit jusqu'à ce que les choses aient changé. La personne sur le trône de ton coeur pourrait être ta femme, ton mari, ton fiancé ou ta fiancée, ton petit amie ou ta petite amie ; ton ami ; ou ton père ou ta mère ou quiconque d'autre. Il y a ici un réel problème. Si tu tombes amoureux de quelqu'un, tu vas commencer à vouloir lui plaire en toutes choses. Tu voudras t'habiller pour lui plaire, aller à des endroits pour lui faire plaisir. Comment le Saint-Esprit peut-il avoir une influence absolue dans ta vie alors que tu vis pour plaire à une personne humaine ? La consécration totale des émotions signifie que tu es prêt à demeurer célibataire toute ta vie ; si c'est là la volonté de Dieu pour toi. Es-tu prêt à soumettre ton droit au mariage? Es-tu prêt à soumettre ton droit au mariage ? Es-tu prêt à faire de toi-même un eunuque pour l'Evangile ? Si le Seigneur te le demandait ? A défaut de cette soumission sans réserve de ta vie émotionnelle au Seigneur Jésus baptise à partir du trône.

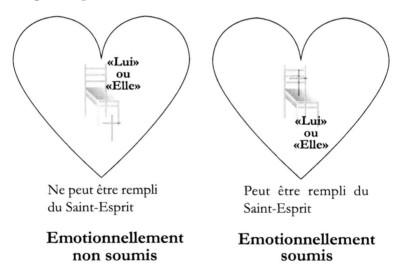

3. Des desseins et des choses non consacrés.

Le Seigneur Jésus exige une Seigneurie absolue sur tout ce que la personne possède et tout ce qu'elle veut. Quiconque a des richesses non consacrées n'est pas soumis. La manière de prouver que la richesse a été consacrées c'est de l'investir pour les besoins de l'entreprise évangélique ou bien la garder pour le Seigneur selon son ordre. La personne qui veut être remplie du Saint-Esprit soumettra toutes choses au Seigneur et attendra ensuite du Seigneur des instructions sur comment les utiliser. Elle n'a plus d'ambition dans le monde. Elle ne cherche pas une carrière dans le monde. Sa carrière est de servir la Seigneur Jésus et elle pourrait pratiquer le droit, la médecine, etc, non comme sa profession mais comme quelque chose qu'elle fait afin de payer les frais que lui coûte sa carrière du service pour le Seigneur. Elle a cessé de se soucier des louanges ou des reproches du monde. Les deux le laissent indifférents. Elle cherche à être promue dans le coeur et l'estimation de Dieu. Elle n'est pas excitée par les nominations ou démotions des hommes. Elle sait qu'elle a été nommée d'en haut. Elle a cessé depuis longtemps de désirer les choses. Elle vide son coeur de toute autre chose afin qu'il soit rempli par le Saint-Esprit.

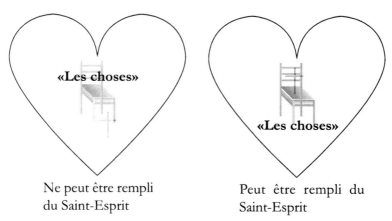

Ne peut être rempli du Saint-Esprit

Peut être rempli du Saint-Esprit

Non soumis dans les desseins et les possessions

Soumis dans les desseins et les possessions

Ajoutons que celui qui désire être rempli du Saint-Esprit doit soumettre tout à la Seigneurie de Jésus. Cependant, ce que nous demandons c'est une réelle honnêteté devant Dieu. Dans la pratique, on pourrait découvrir que la dernière soumission était insuffisante ; que certaines choses ont été laissées ou bien que nous n'avons pas été aussi minutieux que possible. Il y aura alors un acte majeur de soumission absolue, suivi d'autres actes de soumission au fur et à mesure que le Seigneur nous donne plus de lumière sur notre condition. Ainsi donc il y aura la crise majeure de soumission précédent notre remplissage subséquent du Saint-Esprit. Ceux qui marchent proches de Dieu se rendront compte qu'après avoir été baptisés dans le Saint-Esprit, ils ont besoin d'être remplis du Saint-Esprit, ils ont besoin d'être remplis du Saint-Esprit, ils ont besoin d'être remplis du Saint-Esprit jour ou même heure après heure afin de maintenir un débordement continuel.

L'ACTE D'ETRE REMPLI DU SAINT-ESPRIT

Le Seigneur languit de remplir ses enfants du Saint-Esprit. La vie remplie de l'Esprit est la vie normale de Dieu pour ses enfants. Toute chose moins que cela est anormale.

Le chose déplorable est celle-ci : il y a un si grand nombre de croyants dont les vies sont anormales et un si petit nombre dont les vies sont normales que plusieurs maintenant pensent que ce qu'on voit tout autour de nous, est ce qui est normal et ils considèrent ce qui est normal mais rare comme autre chose ! Quiconque n'est pas rempli du Saint-Esprit est un croyant normal. Il devrait remettre les choses à la normale. Quiconque est rempli du Saint-Esprit n'a rien fait d'extraordinaire. Il est juste ce que devraient être tous les croyants. Ainsi, quand quelqu'un demande au Seigneur de le remplir, le Seigneur sera juste très disposé à le faire.

Maintenant, avant de demander au Seigneur de te remplir du Saint-Esprit pour la première fois, c'est-à-dire de te baptiser dans le Saint-Esprit, puis-je te poser quelques questions ? Les voici : Es-tu prêt à être rempli, possédé et conduit par un autre Esprit qui te possèdera pour lui-même et ira souvent contre plusieurs de tes propres plans et ambitions ? Es-tu prêt à être possédé par un autre esprit qui pourrait te conduite sur la voie de la pauvreté en ce qui concerne les biens du monde afin que tu le suives sur les sentiers du Baptiseur qui n'avait pas où poser sa tête ? Es-tu prêt à être conduit par un autre Esprit qui va frustrer tes plans de gagner le monde et l'honneur pour toi-même ? Es-tu prêt à être possédé par un autre Esprit qui te conduira à obéir à toute la Parole de Dieu sans rien laisser pour tes propres inclinations et préférences ou préjugés ? Es-tu prêt à être dirigé par un autre Esprit qui pourrait te conduire à beaucoup de souffrance pour l'Evangile tout le reste de ta vie ? Es-tu prêt à être conduit par un autre Esprit qui pourrait t'envoyer servir le Seigneur dans un endroit totalement caché aux yeux des hommes et dissimuler tout l'impact de ton ministère aux yeux des hommes afin de ne recevoir aucune récompense de l'homme jusqu'à ce que le Seigneur Jésus revienne juger les saints et les récompenser ?

Si tu n'es pas prêt pour toutes ces choses et plus, ne demande pas au Saint-Esprit de te remplir. S'Il vient dans sa plénitude, il y aura tellement de choses qui devront partir que dans ta présente condition, tu seras frustré. Cependant, si tu es prêt à être conduit par quelqu'un d'autre qui te mènera où Il veut, quand Il veut et pour la raison qu'Il veut, demande-Lui de te remplir. Le Seigneur Jésus avait dit au disciple Pierre avant la Pentecôte

: « *En vérité, en vérité, je te dis : Quand tu étais jeune, tu te ceignais, et tu allais où tu voulais ; mais quand tu seras devenu vieux, tu étendras les mains et un autre te ceindra et te conduira ou tu ne veux pas.* » (Jean 21:18). Oui, être rempli du Saint-Esprit c'est aussi être conduit et contrôlé par un autre. Ceci signifie qu'il faut qu'il y ait un engagement fondamental à mourir au moi.

Tu peux maintenant demander au Saint-Esprit de te remplir. Tu n'as pas besoin de parler pendant longtemps. Prie comme suit ou avec tes propres mots : « Seigneur, remplis-moi du Saint-Esprit maintenant. Amen ».

Si tu as fait sincèrement cette prière, et si ton coeur est tel que le Saint-Esprit peut le remplir, alors Il l'a fait immédiatement. Il ne met pas long à le faire.

Tu es rempli du Saint-Esprit par la foi. La Bible dit : « *Si tu peux , c'est crois ! toute choses sont possibles à celui qui croit* » (Marc 9:23). « *Parce que tu m'as vu, tu as cru ; bienheureux ceux qui n'ont pas vu et qui ont cru.* » (Jean 20:29). L'apôtre dit : « *Et c'est ici la confiance que nous avons en lui, que si nous demandons quelque chose selon sa volonté, il nous écoute et si nous savons qu'il nous écoute, quoi que ce soit que nous demandions, nous savons que nous avons les choses que nous lui avons demandées.* » (1 Jean 5:14-15). La Bible dit encore : « *Ayez foi en Dieu. En vérité, je vous dis que quiconque dira à cette montagne : Ote-toi, et jette-toi dans la mer et qui ne doutera pas damné son coeur, mais croira que ce qu'il dit se fait, tout ce qu'il aura dit lui sera fait. C'est pourquoi je vous dis: tout ce que vous demanderez en priant, croyez que vous le recevez, et il vous sera fait.* » (Marc 11:22-24).

A partir de ces passages de la Parole de Dieu, nous pouvons noter les cinq étapes suivantes dans la prière :

1. La confiance au Seigneur représentée par les phrases : « C'est ici la confiance que nous avons en lui » et « Ayez foi en Dieu ». Cette confiance est fondamentale. Elle est absolument nécessaire pour ma prière. Cette confiance c'est que la Bible appelle la foi « *sans la foi il est impossible de lui plaire.* » (Hébreux 11:6). Prier sans foi est une perte de temps. Aucune prière faite sans la foi n'a jamais été exaucée.

2. Demande (selon sa volonté). C'est sa volonté que tu sois baptisé dans le Saint-Esprit. Si Jésus ne te baptisait pas dans le Saint-Esprit, alors comment pourrait-Il accomplir son ministère en tant que ton baptiseur ? Ainsi, lorsque tu Lui demandes de te remplir du Saint-Esprit pour la première fois, tu es en train de Lui demander d'opérer l'un de ses ministères fondamentaux.

3. Crois (saches qu'Il entend).

4. Reçois, obtiens ce que tu as demandé avant de le voir.

5. Vois ce que tu as reçu.

Ainsi, toi aussi reçois le remplissage du Saint-Esprit pour la première fois (c'est-à-dire le baptême dans le Saint-Esprit) par la foi et alors tu « verras » ce que tu as reçu. Tu « verras » que tu as été baptisé dans le Saint-Esprit par les signes qui t'accompagneront. Le premier d'entre eux sera le parler en d'autres langues. Il en sera ainsi pour que le Seigneur reçoive les « prémices » de ton baptême dans le Saint-Esprit.

Recevoir le baptême dans le Saint-Esprit-2 :
Parler en d'autres langues

Le baptême dans le Saint-Esprit est la première expérience d'être rempli du Saint-Esprit. Il est normalement accompagné immédiatement du parler en d'autres langues. Le parler en langues est un signe miraculeux. Ainsi donc, le cheminement normal pour opérer les miracles sera aussi suivi par ce miracle.

Il y a deux aspects pour chaque miracle. Il y a ce qui est fait par l'homme et il y a ce qui est fait par le Seigneur. L'homme ne peut pas faire la part de Dieu et Dieu a décidé qu'Il ne fera pas la part de l'homme. Examinons ces deux parts dans un certain nombre de miracles cités dans la Bible.

1. La guérison de l'homme à la main desséchée (Marc 3:1-5).

La part du Seigneur consistait à parler et à faire que cela arrive. Il dit à l'homme « Etends ta main. » L'homme devait étendre sa main desséchée pendant que celle-ci était encore desséchée. Le Seigneur n'allait pas étendre la main pour l'homme. Il pouvait le faire et le Seigneur ne fera pas à notre place ce que nous pouvons faire nous-mêmes. Nous devons faire ce que nous pouvons faire. Si l'homme n'avait pas la foi, il n'allait pas étendre sa main desséchée. Il crut Jésus et il crut que Jésus savait ce qu'Il était en train de faire. Il mit sa foi en action. Il étendit la main desséchée et pendant qu'il le faisait, Dieu accomplit le miracle et la main étendue et desséchée fut guérie, pendant le processus de l'extension. Si l'homme avait décidé qu'il verrait d'abord (le miracle) sa main guérir avant de croire au Seigneur et d'étendre sa main, alors il serait resté toute sa vie ave une main desséchée.

Ainsi la part de Dieu fut :
    a) de prononcer le mot de guérison
    b) de le rendre effectif

Et la part de l'homme fut :
  c) d'étendre sa main.

Quand les deux se mirent ensemble, un miracle eut lieu.

2. Pierre, marchant sur la mer (Matthieu 14:28-31).

La part de l'homme :
  a) Pierre eut le désir d'aller vers Jésus.
  b) Pierre fit une demande.

La part de Dieu
  c) le Seigneur lui dit de venir.

La part de l'homme
  d) Pierre sortit de la barque, crut Jésus et mit ses pieds sur l'eau, alors que l'eau était comme elle l'est souvent, Pierre était aussi normal. La condition de l'eau et celle de Pierre étaient une garantie pour être noyé.

La part de Dieu
  e) Pendant que Pierre mit le pied sur l'eau, le miracle eut immédiatement lieu : Soit que Pierre fut changé, soit que c'est l'eau qui fut changée. Le miracle n'eut pas lieu jusqu'à ce que Pierre eût placé son pied sur l'eau. S'il ne s'était pas déplacé vers l'eau, le miracle n'aurait jamais eu lieu. Le Seigneur Jésus ne pouvait pas marcher à sa place. Le miracle ne fut pas le fait que Pierre fut sorti de la barque pour marcher sur l'eau. Le miracle fut qu'il ne se noyait pas. Il faut que l'homme fasse la part qui n'est pas miraculeuse, et le Seigneur fera la part qui est miraculeuse. Il faut que Dieu travaille main dans la main avec l'homme. Le mira-

cle avait duré aussi longtemps que Pierre eut foi. Les miracles commencent dans la foi, sont soutenus par la foi, et sont consommés par la foi. Quand finit la foi, les miracles finissent. Quand Pierre commença à douter (la fin de la foi), le miracle prit fin et il commença à se noyer.

3. La guérison de l'homme à la Porte de la Belle (Actes 3:5-8).
   a) Pierre parla et dit : « Regarde-nous »
   b) L'homme les regarda attentivement.
   c) Pierre parla au nom du Seigneur alors que l'homme était encore boiteux.
   d) Pierre le prit par la main droite alors qu'il était encore boiteux.
   e) Pierre le releva pendant qu'il était encore boiteux.
   f) L'homme donna sa main à Pierre afin qu'il le soulevât alors qu'il était encore boiteux.
   g) Il commença à essayer de se relever alors qu'il était encore infirme.

La part de Dieu
   h) Dieu causa immédiatement l'accomplissement du miracle. Ses pieds et chevilles furent immédiatement solidifiés.

La part de l'homme
   i) L'homme boiteux se releva et marchant et sautant, il entra dans le temple.
   j) L'homme marchait et sautait et louait Dieu.

Ainsi nous voyons que chaque miracle comprend la part de

Dieu et la part de l'homme et il faut que les deux opèrent leur part.

LE MIRACLE DU PARLER EN LANGUES

Dans le miracle du parler en langues, il y a la part de Dieu et la part de l'homme.

La part de l'homme consiste à :

1. Croire que Dieu l'a rempli du Saint-Esprit pendant qu'il a demandé dans la prière. Si quelqu'un doute de Dieu à ce sujet, il ne peut pas espérer qu'il croirait Dieu pour les étapes suivantes. Le problème n'est pas souvent que Dieu n'a pas rempli la personne, mais c'est que les gens qui ont été remplis refusent d'accepter par la foi que Dieu l'a fait.

2. Exprimer. Il doit ouvrir sa bouche et se mettre à parler, faisant confiance au Seigneur qu'Il lui donnera la langue, l'expression. Au jour de la Pentecôte, ce ne fut pas le Saint-Esprit ou bien le Seigneur qui se mit à parler. C'était les disciples qui se mirent à parler selon que le Seigneur leur donnait de s'exprimer. S'ils avaient fermé leur bouche hermétiquement sans les ouvrir, alors il n'auraient pas parlé en langues. Le Saint-Esprit ne parlera pas à la place de l'homme. Il ne forcera personne contre sa volonté pour que la personne se mette à parler en d'autres langues. Il agira en ceux et à travers ceux qui sont prêts à coopérer avec Lui. Plusieurs personnes ont rendu témoignage du fait qu'elles fermaient hermétiquement leur bouche après avoir demandé au Seigneur de les remplir du Saint-Esprit et résistaient à toutes pressions intérieures les poussant à parler. Ceci cause des craintes traînées souvent pendant longtemps et des préjugés au su-

jet du parler en langues.

La part de Dieu consiste à :
3. Donner l'expression : la syllabe, le mot, les mots les phrases, etc.

Lorsqu'une personne a demandé au Seigneur de la remplir, souvent, elle sentira une compulsion interne la poussant à parler. Quelquefois, elle aura l'impression qu'elle étouffe et qu'il faudrait qu'elle parle pour se libérer. D'autres ont souvent trouvé que quelque chose bouillonnait en eux, qu'ils ne pouvaient pas se contenir. D'autres n'ont rien ressenti mais parce qu'ils savent qu'ils doivent déborder vers Dieu en langues de louanges comme les prémices élevées à Dieu pour leur baptême dans la Saint-Esprit, ils ont juste ouvert leur bouche et les premières paroles qui sont sorties étaient en une autre langue. Indépendamment de ce que tu ressens dans ta bouche et ta gorge, après avoir demandé au Seigneur de te remplir de Son Saint-Esprit, crois qu'Il l'a fait et ouvre immédiatement ta bouche et exprime-toi en une nouvelle langue. Tu t'exprimes par la foi en permettant que la langue s'écoule.

La langue pourrait initialement être juste un balbutiement des lèvres, elle pourrait être juste une ou deux phrases ou bien plusieurs phrases ou un long discours de plusieurs heures. Ne te soucie pas de la longueur. C'est de la louange qui monte au Seigneur. Tu ne comprendras pas ce que tu es en train de dire, mais continue. Ouvre ta bouche et exprime-toi. La raison pour laquelle plusieurs personnes sont secouées et tremblent à des réunions ou bien une partie de leur corps tremble et est secouée c'est qu'elles ne veulent pas s'exprimer en langues. Quand la puissance du Seigneur est libérée en une personne ou sur une personne, elle veut s'écrouler, s'élever, en louange au Seigneur dans une langue. Si la personne n'ouvre pas la bouche pour louer le Seigneur, il y aura alors un problème sur comment il faudrait que la puissance soit libérée, et cette lutte causera la secousse, et toutes les autres réactions. Je les appelle des réactions de frustration car le Saint-Esprit est frustré dans son désir de louer le Seigneur en une autre langue à travers l'esprit humain.

Il y a des moments où lorsque les gens se mette à parler en d'autres langues, l'ennemi leur dit qu'il n'y a rien qui se passe réellement et que la langue qu'ils sont en train de parler n'est pas du tout une langue mais du bruit de leur propre création. Plusieurs, par cette suggestion : « Tu es en train de le fabriquer toi-même » ont été forcés à arrêter de parler en langues. Ce doute vient de l'ennemi et nous n'ignorons pas ses ruses. D'autres ont été poussés à penser que leurs langues venaient du diable. C'est là encore une ruse du diable. Peux-tu demander au Seigneur de te remplir du Saint-Esprit et Il permet que tu sois rempli par le diable ? Ma réponse à cette question est non !!!

Peut-Il te remplir du Saint-Esprit et permettre au diable de mettre une nouvelle langue sur tes lèvres ? Je dis « Non, non, non ! » La Bible dit : « *Or quel est le père d'entre vous à qui son fils demandera un pain et qui lui donnera une pierre ? Ou aussi, s'il demande un poisson, lui donnera un scorpion ? Si donc vous qui êtes méchants, vous savez donner à vos enfants des choses bonnes, combien plus le Père qui est au ciel donnera-t-il l'Esprit Saint à ceux qui le lui demande* » (Luc 11:11-13). Le Seigneur Jésus est en train de dire ici que tu ne demanderas pas le Saint-Esprit au Père pour recevoir un mauvais esprit. Tu ne demanderas pas une langue au seigneur pour recevoir une langue de Satan. Utilise la langue que tu as reçue pour louer le Seigneur. Elle vient de Lui. Elle ne vient pas de l'ennemi.

Louange à Dieu !

Pour conclure, demande au Seigneur de te remplir du Saint-Esprit maintenant. Sois rempli maintenant par la foie. Demande et reçois maintenant par la foi. Maintenant que tu as reçu, ouvre ta bouche et parle en une autre langue par la foi selon que le Saint-Esprit te donne de t'exprimer. Pendant que tu es rempli du Saint-Esprit pour la première fois et que tu parles en langues, tu as été baptisé dans le Saint-Esprit te donne de t'exprimer. Pendant que tu es rempli du Saint-Esprit avec pour manifestation le parler en langues. Gloire au Seigneur.

Un monde spirituel avec plusieurs possibilités s'est ouvert pour toi. Que le Seigneur t'y conduise et te bénisse d'une manière illimitée autant qu'Il a béni les premiers disciples de l'Eglise primitive. Amen.

Le baptême dans le Saint-Esprit et les dons spirituels

Quand quelqu'un est baptisé dans le Saint-Esprit, il parlera en d'autres langues. C'est pour son ministère privé au Seigneur et à lui-même. Chaque croyant devrait parler en langues en privé. Ce parler en langues en tant qu'accompagnateur du baptême dans le Saint-Esprit ne doit pas être confondu avec le don spirituel des diversités de langues; La Bible dit : « *Et à un autre diverses sortes de langues* » (1 Corinthiens 12:10). Elle dit aussi : « *...des gouvernements, diverses sortes de langues...* » (1 Corinthiens 12:28). La Bible demande, après avoir parlé des diverses sortes de langues, « *Tous parlent-ils en langues ?* » (1 Corinthiens 12:29). Les langues auxquelles on fait allusion ici sont les mêmes que les diverses sortes de langues mentionnées dans le verset précédent.

Chaque croyant n'a pas le don spirituel de parler diverses langues. Ceci est pour certains croyants car ce don, ainsi que les autres, est accordé par le Saint-Esprit comme Il veut. Cependant, le signe du parler en langues qui est donné à ceux qui croient (Marc 16:17) est pour tous les croyants.

Tu pourrais demander : « Quelle est la différence entre parler en langues (appelé aussi le parler en d'autres langues) et les diverses sortes de langues ? » La différence est que tous les croyants reçoivent le signe du parler en langues lors du baptême dans le Saint-Esprit. En plus de cela, chaque croyant reçoit un ou plusieurs des dons suivants, pour le ministère.

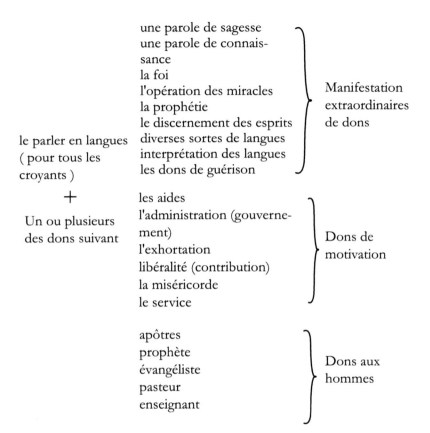

Un croyant devrait avoir un ou plusieurs de ces dons.

Seuls ceux qui ont le don de diverses sortes de langues devraient : rendre ministère en public avec ce don. Ceux qui parlent en langues comme manifestation du baptême dans le Saint-Esprit doivent utiliser le don comme en privé. Dans cette condition, c'est une bénédiction. S'ils le traînent aux réunions publiques, cela ne communique pas la vie. Il n'y a pas souvent d'interprétation ou bien il y a une fausse interprétation par la personne elle-même. Vois-tu la différence ? C'est normal de se déshabiller et d'être nu dans une salle de bain mais se déshabiller et être nu à une réunion publique, c'est un scandale.

Tous ceux qui sont baptisés dans le Saint-Esprit et qui parlent en langues devraient désirer ardemment avoir un ou plusieurs dons spirituels. Convoite les autres dons spirituels. Désire-les ardemment. Fais tout pour coopérer avec Dieu et ne te repose pas jusqu'à ce que tu aies reçu ce que tu as demandé. Que Dieu te bénisse pendant que tu importunes jusqu'à la réception. Amen.

Le baptême dans le Saint-Esprit et la puissance spirituelle

Avant l'ascension du Seigneur Jésus, Il avait dit à ses disciples : « *Il est ainsi écrit ; et ainsi, il fallait que le Christ souffrît, et qu'il ressuscitât d'entre les morts le troisième jour, et que la repentance et la rémission des péchés fussent prêchées en son nom à toutes les nations, en commençant par Jérusalem. Et vous, vous êtes témoins de ces choses ; et voici, moi, j'envoie sur vous la promesse de mon Père. Mais vous, demeurez dans la ville ; jusqu'à ce que vous soyez revêtus de la puissance d'en haut* » (Luc 24:46-49). Il leur dit encore plus tard : « *Mais vous recevrez de la puissance, le Saint-Esprit venant sur vous ; et vous serez mes témoins à Jérusalem et dans toute la Judée et la Samarie, et jusqu'au bout de la terre.* » (Actes 1:8).

Quand le Saint-Esprit descendit sur les apôtres, ils furent réellement revêtus de la puissance pour être des témoins. C'est la volonté de Dieu que ceux qui sont baptisés dans le Saint-Esprit aujourd'hui manifestent la même puissance que les apôtres et les premiers disciples ont manifestée. Ces disciples reçurent la puissance pour accomplir les choses suivantes :

1. LA PUISSANCE POUR PRODUIRE LES SIGNES ET LES PRODIGES

Pierre et Jean furent abordés par un homme infirme qui voulait de l'aide financière. La Bible dit : « *Cet homme, voyant Pierre et Jean qui allaient entrer dans le temple, leur demanda l'aumône. Et Pierre, ayant avec Jean arrêté les yeux sur lui, dit : Je n'ai ni argent, ni or, mais ce que j'ai je te le donne ; au nom de Jésus-Christ le Nazaréen, lève-toi et marche. Et l'ayant pris par la main droite, il le leva ; et à l'instant les plantes et les chevilles de ses pieds devinrent fermes ; et faisant un saut, il se tint debout et marcha ; et il entra avec eux au temple, marchant et sautant et louant Dieu. Et tout le peuple le* vit marchant et louant Dieu. Et ils le reconnurent comme celui qui était assis, pour demander l'aumône, à la Belle porte du temple, et ils furent remplis d'étonnement et d'admiration de ce qui était arrivé. »* (Actes 3:3-10).

La Bible continue à dire : « *Et beaucoup de miracles et de prodiges se faisaient parmi le peuple, par la mains des apôtres ; et ils étaient tous d'un commun accord au portique de Salomon ; mais, d'entre les autres, nul n'osait se joindre à eux, mais le peuple les louait hautement, et des croyants d'autant plus nombreux se joignaient au Seigneur, une multitude tant d'hommes que de femmes ; de sorte qu'on apportait des infirmes dehors dans les rues, et qu'on les mettait sur de petits lits et sur des couchettes, afin que quand Pierre viendrait au moins son ombre passât sur quelqu'un d'eux. Et la multitude aussi des villes d'alentour, s'assemblait à Jérusalem, apportant les infirmes et ceux qui étaient tourmentés par des esprits immondes ; et ils étaient tous guéris* » (Actes 5:12-16).

La Bible dit encore : « *Or Etienne, plein de grâce et de puissance, faisait parmi le peuple des prodiges et de grands miracles* » (Actes 6:8). La Bible continue à dire : « *Ceux donc qui avaient été dispersés allaient ça et là annonçant la parole. Et Philippe, étant descendu dans une ville de la Samt. Et les foules, d'un commun accord, étaient attentives aux choses que Philippe disait, l'entendant et voyant les miracles qu'il faisait ; car les esprits immondes, criant à haute voix, sortaient de plusieurs qui étaient possédés ; et beaucoup de paralytiques et de boiteux furent guéris ; et il y eut une grande joie dans cette ville-là* » (Actes 8:4-8).

La parole de Dieu continue à dire : « *Or il arriva que, comme Pierre parcourait toute la contrée, il descendit aussi vers les saints qui habitaient Lydde. Et il trouva là un homme nommé Enée, qui depuis huit ans était couché sur un petit lit ; et il était paralytique. Et Pierre lui dit : Enée ! Jésus Christ, te guérit ; lève-toi, et fais toi-même ton lit. Et aussitôt il se leva. Et tout ceux qui habitaient Lydde et Saron le virent ; et ils se tournèrent vers le Seigneur.*

Or il y avait à Joppé une femme disciple, nommée Tabitha, qui interprété signifie Dorcas ; elle était pleine de bonnes oeuvres et d'aumônes qu'elle faisait. Et il arriva en ces jours-là qu'étant tombée malade, elle mourut ; et quand ils l'eurent lavée, ils la mirent dans la chambre haute. Et comme Lydde est près de Joppée, les disciples ayant appris que Pierre était dans cette ville, envoyèrent vers lui deux hommes, le priant : Ne tarde pas de venir jusqu'à nous. Et Pierre, se levant, s'en alla avec eux. Et quand il fut arrivé, il le menèrent dans la chambre haute, et toutes les veuves vinrent auprès de lui en pleurant, et en montrant les robes et les vêtements, toutes les choses que Dorcas avait faites pendant qu'elle était avec elles. Mais Pierre, les ayant tous mis dehors et s'étant mis à genoux, pria; et se tournant vers le corps, il dit : Tabitha, lève-toi. Et elle ouvrit ses yeux, et voyant Pierre, elle se mis sur son séant ; et lui ayant donné la main, il la leva ; et ayant appelé les saints et les veuves, il la leur présenta vivante. Et cela fut connu dans tout Joppé ; et plusieurs crurent au Seigneur. » (Actes 9:32-42).

La Bible continue à dire : « *Mais Elymas, le magicien (car c'est ainsi que son nom s'interprète), leur résistait, cherchant à détourner le proconsul de la foi. Et Saul qui était appelé Paul, étant rempli de l'esprit Saint fixant ses yeux sur lui, dit : O homme plein de toute fraude et de toute méchanceté, fils du diable ennemi de toute justice, ne cesseras-tu pas de pervertir les voies droites du Seigneur ? Et maintenant voici, la main du Seigneur est sur toi, et tu seras aveugle, sans voir le soleil pour un temps. Et à l'instant, une obscurité et des ténèbres tombèrent sur lui ; et se tournant de tous côtés, il cherchait quelqu'un qui le conduisît par la main. Alors le proconsul, voyant ce qui était arrivé, crut, étant saisi par la doctrine du Seigneur.* » (Actes 13:8-12).

« *Et il y avait à Lystre un homme impotent de ses pieds, qui se tenait assis ; perclus dès le ventre de sa mère, il n'avait jamais marché. Cet homme entendait parler Paul qui, fixant les yeux sur lui et voyant qu'il avait la foi pour être guéri, lui dit à haute voix : lève-toi sur tes pieds. Et il sautait et marchait.* » (Actes 14:9-10).

La Bible continue à dire : « *Or il arriva que, comme nous allions à la prière, une servante qui avait un esprit de python et qui, en prophétisant, procurait à ses maîtres un grand gain, vint au devant de nous. Et marchant après Paul et nous, elle criait, disant : ces hommes sont les esclaves du Dieu Très-Haut, qui vous annonces la voie du salut. Et elle fit cela pendant plusieurs jours. Mais Paul, affligé, se retourna et dit à l'esprit : Je te commande au nom de Jésus-Christ de sortir d'elle. Et à l'heure même il sorti.* » (Actes 16:16-18).

La Bible continue à dire : « *Et Dieu faisait des miracles extraordinaires par la mains de Paul, de sorte que même on portait de dessus son corps des mouchoirs et des tabliers sur les infirmes ; et les maladies les quittaient et les esprits malins sortaient.* » (Actes 19:11-12).

Nous voyons que la puissance qui descendit sur les disciples leur permettait d'opérer des miracles au nom du Seigneur. Les signes et les miracles furent utilisés par le Seigneur pour amener plusieurs personnes au Seigneur. Concernant les signes et les prodiges, la Bible dit :

1. « *Et des croyants d'autant plus nombreux se joignaient au Seigneur, une multitude tant d'hommes que de femmes.* » (Actes 5:14).
2. « *Et les foules, d'un commun accord, étaient attentives aux choses que Philippe disait, l'entendant et voyant les miracles qu'il faisait* » (Actes 8:6).
3. « *Et tous ceux qui habitaient Lydde et le Saron le virent ; et ils se tournèrent vers le Seigneur* » (Actes 9:35).

4. « *Et cela fut connu dans tout Joppé ; et plusieurs crurent au Seigneur* » (Actes 9:42).

Nous pouvons dire avec certitude qu'une partie de la puissance qu'ils avaient reçue pendant qu'ils furent remplis du Saint-Esprit était celle qui leur permettait d'opérer des signes et des prodiges. Il est vrai que les apôtres et les soixante-douze autres avaient reçu le pouvoir de guérir les malades, de ressusciter les morts, de purifier les lépreux, et de chasser les démons. (Matthieu 10:8; Luc 10:9-19), mais cette puissance fut davantage établie avec le baptême dans le Saint-Esprit. Ainsi, en plus du fait que tous les croyants peuvent et devraient être baptisés dans le Saint-Esprit, le pouvoir pour opérer les signes qui accompagnent l'Evangile est à la disposition de chaque enfant de Dieu à des degrés variés. Chaque croyant peut et devrait imposer les mains aux malades et ceux-ci seront guéris. Certains verront plus que d'autres des signes les accompagner pendant qu'ils imposeront les mains aux malades, mais parce que c'est là un des signes que le Seigneur a promis qu'il accompagnerait ceux qui croient, il sera à la disposition de tous.

Pourquoi la puissance du Saint-Esprit qui était si manifeste dans les vies des apôtres de l'Eglise primitive et des autres disciples de l'époque est à peine visible aujourd'hui au milieu de ceux qui ont reçu le même don du Saint-Esprit comme eux ? La réponse, je le crois, réponse sur le fait qu'il n'avaient pas seulement reçu la puissance pour opérer des signes et des prodiges. Ils avaient aussi reçu :

2. LA PUISSANCE DE SOUFFRIR POUR CHRIST ET L'ÉVANGILE

Les premiers disciples reçurent le pouvoir de rendre témoignage. Mais c'était aussi le pouvoir de souffrir pour le Seigneur. Il y a quatre personnes qui sont spécialement mentionnées pour avoir opéré de grands miracles dans le livre des Actes des Apôtres. Ces gens furent : Pierre, Etienne, Philippe, et Paul. Regardons brièvement comment ils ont souffert.

1. PIERRE

   a) Les chefs étaient dérangés parce qu'ils enseignaient le peuple et annonçaient par Jésus la résurrection des morts. Ils mirent les mains sur Jean et lui, et les firent garder et le lendemain, ils le firent comparaître au milieu d'eux et leur demandèrent par quelle puissance et par quel nom ils avaient guéri le paralytique. Pierre, rempli de l'Esprit Saint leur proclama la vérité qu'ils ne voulaient pas entendre. Ils leur enjoignirent de ne plus parler en aucune manière au nom de Jésus, mais les apôtres choisirent d'obéir à Dieu plutôt qu'aux hommes et ils dirent à ces chefs qu'ils préféraient obéir à Dieu plutôt qu'aux hommes. Ils furent davantage menacés et relâchés. Lorsqu'ils furent relâchés, ils rejoignirent leurs frères, et demandèrent au Seigneur non de leur épargner la persécution, mais de leur donner la puissance de guérir et la témérité de parler. (Actes 4:1-31).

   La plupart des croyants qui sont baptisés dans le Saint-Esprit ne veulent pas souffrir pour le Seigneur. Ainsi, ils s'exemptent donc de la puissance du Seigneur.

b) Les principaux sacrificateurs mirent les mains sur les apôtre et les jetèrent dans la prison publique, mais dans la nuit, un ange du Seigneur ouvrit la prison et les fit sortir non pour être en sécurité dans une cachette, mais avec cette exhortation : « *Allez, et vous tenant dans le temple, annoncez au peuple toutes les paroles de cette vie.* » (Actes 5:20). Ils obéirent et réapparurent devant les autorités où ils proclamèrent la Parole du Seigneur avec témérité, autorité et sans compromis. Ceci aboutit au fait qu'ils refusèrent de promettre qu'ils ne parleraient pas au nom de Jésus. Pierre et le reste des apôtres n'étaient pas tristes, mais au contraire, ils considérèrent cela comme un privilège d'avoir été jugés dignes de souffrir l'opprobre pour le nom de Christ. (Actes 5:17-42). Des gens remplis du Saint-Esprit qui considérèrent cela comme un privilège d'avoir été jugés dignes de souffrir l'opprobre pour le nom de Christ. (Actes 5:17-42). Des gens remplis du Saint-Esprit qui considèrent que c'est un privilège que de souffrir la honte pour le nom de Jésus, connaîtrons la puissance spirituelle !

c) Quand Jacques fut tué, Pierre fut arrêté et emprisonné avec cette intention que lui aussi serait éventuellement tué. (Actes 12:1-11).

d) Pierre continua à souffrir pour le Seigneur et scella son témoignage avec son sang.

La puissance qu'il avait reçue le jour de la Pentecôte pendant qu'il fut baptisé dans le Saint-Esprit avait été conservée dans une bonne condition alors qu'il souffrait pour le Seigneur.

2. Étienne

Il était l'un des diacres qui avaient été établis. Il était plein de foi et d'Esprit Saint. Il était aussi plein de grâce et de puissance. Il fit de grands prodiges et signes au milieu du peuple. Lorsque certains des hommes religieux ne purent résister à la sagesse et à l'Esprit Saint par lequel il parlait, ils portèrent contre lui une fausse accusation. Il fut traîné devant le Sanhédrin et accusé. Quand on lui permit de parler, il parla pour glorifier le Seigneur Jésus dans toute la vérité et par ce sermon, il mit fin à son ministère et à sa carrière, car ils le traînèrent hors de la ville et le lapidèrent jusqu'à la mort. Il scella ainsi son témoignage avec son sang.

3. Philippe

Il partit pour la Samarie, poussé non par loisir ou par plaisir mais par la dure persécution qui avait suivi le martyre d'Etienne et le début de la carrière de Saul en tant que persécuteur de l'Eglise. Il proclama l'Evangile aux foules et des multitudes voyaient les signes qu'il opérait car des esprits impurs sortaient de plusieurs qui étaient possédés, criant à haute voix ; et plusieurs paralytiques et boiteux furent guéris. (Actes 8:1-8). Nous ne connaissons pas quelles furent ses autres souffrances spéciales pour le Seigneur et l'Evangile.

4. Paul

Lui-même le résume comme suit : « *Cinq fois j'ai reçu des Juifs quarante coups moins un ; trois fois j'ai été battu de verges ; une fois j'ai été lapidé ; trois fois, j'ai fait naufrage ; j'ai passé un jour et une nuit dans les profondeurs de la mer ; en voyage souvent, dans les périls sur les fleuves, dans les périls de la part des brigands, dans les pé-*

rils de la part de mes compatriotes, dans les périls de la part des nations, dans les périls à la ville, dans les périls au désert, dans les périls en mer, dans la faim et la soif, dans les jeûnes souvent, dans le froid et la nudité. » (2 Corinthiens 11:24-27).

Quand il était emprisonné, il ne se plaignait pas. Il n'était pas amer. Dans la prison de Philippe dans laquelle ils furent jetés (après que la foule se fût soulevée contre eux et que les magistrats, leur ayant fait arracher leurs vêtements, donnèrent l'ordre de les fouetter. Et leur ayant fait donner un grand nombre de coups, il les jetèrent en prison). Autour de minuit, il priaient et chantaient les louanges de Dieu. (Actes 16:22-25). Il ne murmura en aucun cas. Au contraire, il languissait de connaître la communion avec le Seigneur dans ses souffrances Son désir était :

« *De le connaître Lui et la puissance de la résurrection et la communion de ses souffrances, étant rendu conforme à sa mort* » (Philippiens 3:10).

Il ne voulait pas seulement la puissance du Seigneur. il voulait également partager ses souffrances. Nul ne peut pleinement expérimenter la puissance du Seigneur sans qu'il soit prêt à expérimenter et sans qu'il expérimente effectivement les souffrances du Seigneur. Jusqu'à quel niveau as-tu souffert pour le Seigneur ? Où sont les marques de la croix dans ta vie ?

3. La puissance de pardonner a ceux qui les haissaient

Étienne n'était pas seulement plein de l'Esprit Saint. Il n'était pas seulement rempli de puissance. Il était plein de Christ. Il était plein de grâce. Il parlait très durement mais ce n'était pas parce qu'il était non brisé. Il disait des choses qu'il fallait dire de cette manière à cet auditoire. Cependant, la grandeur de son caractère fut démontrée par le pouvoir qu'il avait de pardonner à ses ennemis. Juste avant qu'il ne fût lapidé à mort il pria : « *Seigneur Jésus, reçois mon esprit. Et s'étant mis à genoux, il cria à haute voix : Seigneur ne leur impute point de péché. Et quand il eut dit cela, il s'endormit.* » (Actes 7:59-60). Il ressemblait à son Seigneur qui était plein de l'Esprit Saint et qui de la croix pria au Père pour ses ennemis disant : « *Père, pardonne-leur car ils ne savent ce qu'ils font.* » (Luc 23:34).

Prier pour ses meurtriers au moment où ils sont sur le point de te tuer, c'est la manifestation d'une réelle puissance. C'est le genre de puissance que l'ennemi ne peut pas contredire.

4. La puissance de se donner aux choses prioritaires

Quand surgit le problème des veuves qui ne recevaient pas un bon traitement, les apôtres discernèrent tout de suite qu'il fallait établir d'autres pour cette tâche pendant qu'ils se donnaient à la prière et à la Parole. Ce fut là une partie du secret de leur puissance. Ils se concentrèrent sur ce que Dieu devait accomplir par eux et laissèrent aux autres ce qui relevait de leur domaine. Lorsque les gens se chargent des devoirs et des responsabilités que Dieu ne leur a pas donnés, ils causent la confusion dans le corps de Christ et perdent la puissance spirituelle. Les apôtres le firent.

5. LA PUISSANCE DE PARLER DE TELLE MANIÈRE QUE LES PAROLES FASSENT EFFET

Les disciples opérèrent plusieurs miracles avant la Pentecôte. Il y a un bon nombre des choses qu'ils reçurent avec le baptême dans le Saint-Esprit. L'une d'entre d'entre elles fut la capacité de susciter la réaction en ceux qui les entendaient. La Bible dit : « *Ayant ouï ces choses, ils furent saisis de compassion* » (Actes 2:37). « *Mais comme ils parlaient au peuple, les sacrificateurs et les commandants du temple et les sadducéens survinrent, étant en pleine de ce qu'ils enseignaient le peuple et annonçaient par Jésus la résurrection d'entre les morts. Et ils mirent mains sur eux, et les firent garder jusqu'au lendemain* » (Actes 4:1-3). « *Et voyant la hardiesse de Pierre et de Jean, et s'étant aperçus qu'ils étaient des hommes illettrés et du commun, ils s'en étonnaient* » (Actes 4:13). « *En entendant ces choses, ils frémirent de rage dans leurs coeurs, et ils grinçaient des dents contre lui... Et criant à haute voix, ils bouchèrent leurs oreilles, et qu'un commun accord se précipitèrent sur lui.* » (Actes 7:54-57). « *Et les foules, d'un commun accord étaient attentives aux choses que Philippe disait.* » (Actes 8:6). « *Et tous ceux qui l'entendaient étaient dans l'étonnement et disaient...* » (Actes 9:21). Les messages de Paul causaient à la fois des révolutions et des émeutes. Ils ne permettaient pas aux gens d'être neutres. Ils les forçaient à prendre position. C'est là une manifestation de la puissance spirituelle.

6. LA PUISSANCE POUR CONDAMNER LE PÉCHÉ : LA PUISSANCE POUR ETRE SAINT

Il y avait la sainteté dans l'Eglise primitive. Les deux personnes qui avaient planifié et exécuté la tromperie furent sévèrement réprimandées par Pierre pour avoir menti non à l'homme mais au Saint-Esprit et ils tombèrent morts. Ceci montre clairement le fait que Pierre ne vivait pas dans une tromperie quelconque, et qu'il ne disait même pas occasionnellement des mensonges ou des exagérations. Cela indique aussi le fait que les autres membres de l'Eglise ne pratiquaient pas ce péché ou des péchés similaires. A cause du haut standard de la sainteté, la puissance du Saint-Esprit agissait pour ôter les moindres traces de péché qui s'étaient infiltrées dans l'Eglise. Une grande crainte s'empara de tous les croyants et des incroyants qui furent au courant de cela (Actes 5:1-11).

Plus tard, lorsque Pierre essaya de jouer la moindre hypocrisie en s'abstenant de manger avec les croyants « Gentils » à l'arrivée des Judaïsants, Paul le confonta publiquement et le réprimanda (Galates 2:11-21).

Le péché n'était pas toléré. Il était radicalement traité et le Saint-Esprit pouvait ainsi manifester grandement sa puissance. Lorsque le péché était permis dans les églises, certains croyants devenaient faibles, d'autres étaient malades et certains mourraient. La puissance du Saint-Esprit ne pouvait pas se manifester en pleine mesure pendant que le péché aussi abondait.

La restauration de puissance spirituelle à ceux qui sont baptisés dans le Saint-Esprit aujourd'hui exigera une séparation radicale de tout péché ou un jugement radical pour tout péché. Il ne peut pas y avoir de pleine manifestation de la puissance du Saint-Esprit alors que le péché abonde soit dans les vies de ceux qui dirigent les églises ou des croyants en général. Le péché va toujours causer la limitation de la puissance du Saint-Esprit. La manière la plus facile de limiter la puissance du Saint-Esprit c'est de pratiquer le pécher ou de tolérer le péché.

7. LA PUISSANCE DE RENDRE UNE OBÉISSANCE IMPLICITE AU SEIGNEUR

Le don du Saint-Esprit est pour ceux qui obéissent au Seigneur. La puissance du Saint-Esprit ne sera pleinement manifestée qu'en ceux-là qui obéissent pleinement au Seigneur. Dans l'Eglise primitive, les apôtres avaient dit : « *Il nous faut obéir à Dieu plutôt qu'aux hommes* » (Actes 5:29) et c'est ce qu'ils firent. Philippe obéit au Seigneur dans le moindre détail. Il était en train d'être puissamment utilisé en Samarie dans un ministère d'Evangélisation et d'implantation d'Eglise qui était fortement soutenu par des signes et prodiges. Les apôtres descendirent de Jérusalem et la Samarie eut sa « Pentecôte ». Quelqu'un aurait pu penser que c'était là le moment pour lui de s'y fixer et d'en faire sa base. Quelles que soient les pensées qu'ils avait dans son esprit, le Saint-Esprit avait les siennes. La Bible dit : « *Et un ange du Seigneur parla à Philippe disant : Lève-toi et va vers le midi sur le chemin qui descend de Jérusalem à Gaza* » (Actes 8:26). Qu'avait-il fait ? Avait-il envoyé un message aux apôtres à Jérusalem pour leur demander la permission d'y aller ? Non. S'il avait attendu, il aurait été laissé de côté par l'Esprit de Dieu. La Bible dit : « *Et il se leva et s'en alla* » (Actes 8:27). Comme il partit, il vit le char de l'Ethiopien. Une fois de plus, le Saint-Esprit donna des instructions claires à Philippe : « *approche-toi et joins-toi à ce char* » (Actes 8:29). Il obéit (Actes 8:30).

Il conduisit l'homme au Seigneur et le baptisa. Pendant que les deux sortaient de l'eau du baptême, « *l'Esprit du Seigneur enleva Philippe ; et l'eunuque ne le vit plus, car il continua son chemin tout joyeux ; mais Philippe fut trouvé à Azot ; et en passant au travers du pays, il évangélisa toutes les villes, jusqu'à ce qu'il fut arrivé à Césarée* » (Actes 21:8). Il fut conduit à faire de Césarée la base de son ministère d'évangéliste.

Il faut la puissance du Saint-Esprit pour rendre au Seigneur une telle obéissance prompte et particulière. A défaut d'une telle obéissance, la puissance du Saint-Esprit est forcément obstruée. Une telle obéissance exige la consécration totale au Seigneur et à son oeuvre. Elle exige des gens qui sont morts à toute autre chose et ne vivent que pour le Seigneur. Ils ont abandonné tous leurs plans personnels et veulent faire la volonté de Dieu n'importe quand et n'importe où. Ils connaissent l'oeuvre comme étant celle du Seigneur et ils sont confiants qu'Il la conduira d'une manière correcte. Ils ont confiance au Saint-Esprit comme étant le Directeur de l'oeuvre, celui qui choisit les hommes, les envoie, les affecte et étend ou réduit leurs ministères pour la gloire de Dieu. La question qui se pose est celle-ci : « Allons-nous permettre à Dieu d'avoir de tels hommes de nos jours? Allons-nous soumettre l'oeuvre au Seigneur, reconnaissant qu'elle est la sienne et lui laissant le soin d'en faire ce qu'Il voudrait ? Seigneur, aide-moi aujourd'hui, pour que je commence à te rendre une obéissance de ce genre. Je te soumets toute oeuvre que j'ai dû considérer comme mienne. Fais-en ce qui te semble bon. Etends mon ministère ou réduis-le selon ton bon plaisir. Donne-moi seulement une place dans ton coeur et garde-moi au centre de Ta volonté. Fais-le Seigneur, parce que je demande au Nom du Seigneur Jésus. Amen. »

Nanga Eboko, 29 mars 1986 à 7h45

8. Le pouvoir d'être délivré des choses

L'apôtre Pierre avait dit à l'homme infirme : « *Je n'ai ni argent, ni or, mais ce que j'ai je te le donne, au Nom de Jésus de Nazareth, lève-toi et marche* » (Actes 3:6). Il n'avait ni argent ni or. Qu'avait-il donc ? Il avait le nom de Jésus et il donna ce qu'il avait. Il n'avait rien à conserver. Il était un véritable sacrificateur du Nouveau Testament qui, comme le sacrificateur des temps de l'Ancien Testament, avait été délivré des choses. Le Seigneur avait dit au sujet de la tribu de Lévi : « *Les sacrificateurs, les Lévites, et toute la tribu de Lévi, n'auront point de part ni d'héritage avec Israël. Ils mangeront des sacrifices de l'Eternel faits par feu, et de son héritage, mais ils n'auront point d'héritage au milieu de leurs frères. L'Eternel est leur héritage, comme il le leur a dit* » (Deutéronome 18:1-2). Ce n'était pas seulement les apôtres qui furent délivrés de la cupidité. Tous les croyants furent délivrés et le Seigneur jugea Ananias et Saphira à cause de la cupidité qui les avait poussés à mentir. La Bible dit : « *Et la multitude de ceux qui avaient cru était un coeur et une âme ; et nul ne disait d'aucune des choses qu'il possédait qu'elle fût à lui ; mais toutes choses étaient communes entre eux. Et les apôtres rendaient avec une grande puissance le témoignage de la résurrection du Seigneur Jésus ; et une grande grâce était sur eux tous.* » (Actes 4:32-33). C'est une chose que d'avoir des choses. C'est toute une autre chose que de les posséder ; de les appeler siennes ; de les accumuler alors que les autres personnes sont dans le besoin ; de les garder alors que l'oeuvre du Seigneur souffre à cause des besoins. C'est horrible ! Tous ceux qui avaient des choses les mettaient à la disposition du Seigneur et à son oeuvre et il les donnaient pour les besoins des saints. Parce que les choses avaient perdu leur pouvoir de contrôle sur les saints, les apôtres pouvaient rendre avec une grande puissance le témoignage de la résurrection du Seigneur Jésus et une grande grâce était sur eux tous.

Un des apôtres dit : « *N'aimez point le monde, ni les choses qui sont dans le monde : Si quelqu'un aime le monde, l'amour du Père n'est pas en lui, parce que tout ce qui est dans le monde, la convoitise de la chair, et la convoitise des yeux, et l'orgueil de la vie, n'est pas du Père, mais est du monde et le monde s'en va et sa convoitise, mais celui qui fait la volonté de Dieu demeure éternellement.* » (1 Jean 2:15-17).

Un autre apôtre a écrit : « *Or la piété avec le contentement est un grand gain. Car nous n'avons rien apporté dans le monde, et il est évident que nous n'en pouvons rien emporter. Mais ayant la nourriture et de quoi nous couvrir nous serons satisfaits. Or ceux qui veulent devenir riches tombent dans la tentation et dans un piège, et dans plusieurs désirs insensés et pernicieux qui plongent les hommes dans la ruine et la perdition ; car c'est une racine de toutes sortes de maux que l'amour pour de l'argent ; et que quelques uns ayant ambitionné, ils se sont égarés de la foi et se sont transpercés eux-mêmes de beaucoup de douleurs.* » (1 Timothée 6:5-10).

Les choses de ce monde n'offraient aucune tentation aux premiers disciples. Ils se déplaçaient de lieu en lieu sans une considération quelconque du gain financier. Ils ne demandaient pas qu'on les paie pour leur ministère. Ils servaient le Seigneur. Ils servaient le peuple du Seigneur. Il faisaient confiance au Seigneur pour leur donner ce qu'Il leur avait promis : la nourriture et le vêtement. Et c'est ce qu'Il fit. Il étaient si emportés par le ministère qu'ils n'avaient pas de temps pour les folies éphémères de ce monde.

- Ils étaient consacrés au Seigneur.
- Ils étaient séparés des choses.
- Ils étaient remplis de puissance.
- Ils n'avaient pas perdu la puissance à travers le péché de la convoitise.
- Ils se disciplinaient eux-mêmes surtout dans leurs pensées et leurs désirs de manière que la « Colombe » de Dieu n'était pas attristée.

Elle avait la voie livre en eux et à travers eux, et ils connurent une puissance illimitée.

Gloire soit au Seigneur, Amen.

9. LA PUISSANCE SPIRITUELLE AUJOURD'HUI

Le croyant qui est baptisé dans le Saint-Esprit aujourd'hui reçoit le même don du Saint-Esprit qu'avaient reçu les douze apôtres, les autres apôtres et les disciples dans l'Eglise primitive. L'expérience des croyants aujourd'hui est juste comme celle des cent vingt au jour de la Pentecôte ; celle des croyant en Samarie ; celle de la maison de Corneille et celle des douze Ephésiens. Le même Saint-Esprit qui était descendu sur les premiers disciples était aussi descendu sur eux et ils avaient reçu les mêmes types de langues qu'avaient reçues les premiers disciples. Au moment où le Saint-Esprit descend sur eux et qu'ils répondent par le parler en langues, ils sont remplis du Saint-Esprit comme le furent les premier disciples quand Saint-Esprit était descendu sur eux et qu'ils parlèrent en langues. Quiconque est baptisé dans le Saint-Esprit aujourd'hui est rempli du Saint-Esprit de la même manière et au même degré que furent remplis les douze le jour de la Pentecôte ou dans la maison de Corneille. Ils ont donc la capacité de manifester la puissance de l'Esprit comme les premiers disciples.

S'il en est ainsi, pourquoi y a-t-il un tel manque tragique de puissance spirituelle parmi les croyants qui sont baptisés dans le Saint-Esprit aujourd'hui ? Nous avons dit que le baptême des croyants dans le Saint-Esprit est aujourd'hui le même que celui des premiers disciples. En fait, il doit être le même baptême puisque Jésus-Christ, le Baptiseur, est le même hier, aujourd'hui et éternellement. Pourquoi la manifestation de la puissance est-elle si absente en ceux qui sont baptisés aujourd'hui ?

Je crois que les raisons ci-dessous expliquent cela :

1. Aujourd'hui, après qu'un croyant ait été rempli du Saint-Esprit, il rétrograde immédiatement ou après de cette condition de soumission totale et de consécration totale au Seigneur, condition dans laquelle il se trouvait juste avant qu'il ne soit baptisé dans le Saint-Esprit. Il permet au péché et au moi de s'introduire en quantités variées et la puissance du Saint-Esprit est grandement obstruée. La crainte de l'opinion publique ; le désir et la pratique du compromis ; le refus de se concentrer sur les aspects prioritaires ; l'amour de la louange des hommes ; le refus de se consacrer à la souffrance ; l'option pour les sentiers de peu de résistance de manière qu'il

ne soit pas absolument nécessaire que Dieu intervienne puissamment, tout cela contribue à limiter grandement la puissance de Dieu.

2. Après que le croyant ait été baptisé dans le Saint-Esprit, il n'y a pas de fardeau croissant de connaître le Seigneur et de Le servir. Etant dans de telles conditions de paresse, il n'est pas nécessaire que les anges interviennent. Peu de croyants sont emprisonnés et plusieurs sont devenus si mondains que l'amour du Père n'est pas en eux. Ainsi donc, le Saint-Esprit est limité. Même les plus grands faiseurs de miracles aujourd'hui voient vingt personnes guéries dans une foule de deux cent mille personnes et ils ne sont aucunement dérangés par le fait que des milliers d'autres personnes rentrent étant frustrées et désillusionnées, n'ayant obtenu aucune guérison.

3. Des intérêts égoïstes personnels et le dénominationalisme ont tellement déchiré le corps de Christ que quelquefois, il doit être difficile pour Dieu de savoir à qui s'identifier. Avec les multitudes de dénominations qui existent aujourd'hui. Si Dieu voulait parler et agir en puissance dans l'église à Yaoundé, à Lagos, à Accra, à Londres, à Tokyo, à Washington, etc., auquel des groupes va-t-Il parler et agir ? Y a-t-il un quelconque des groupes qui soit à 100 % consacré à la volonté de Dieu et qui marche dans l'amour parfait ?

4. Où est le « Leadership » plein de l'Esprit qui ne cherche que la gloire de Dieu et qui soit prêt à aller au commandement du Seigneur dans de nouvelles contrées pour l'oeuvre du Seigneur sans se soucier de leur oeuvre ? Quel est le ministère qui n'accomplit pas au nom du Seigneur des programmes expansionnistes motivés par le moi ? Où sont les églises que

le Saint-Esprit peut visiter en jugement et n'y trouver que deux personnes qui pratiquent le péché du mensonge ?

5. Voyant les choses telles qu'elles sont, faut-il encore s'étonner du fait que ceux qui reçoivent le même baptême dans le Saint-Esprit que celui que les apôtres avaient reçu soient bloqués et ne peuvent accomplir ce que les apôtres et les premiers diacres (Etienne et Philippe) avaient fait? Le problème n'est pas le baptême dans le Saint-Esprit que les gens ont reçu, mais avec ce qui est fait après qu'ils aient été baptisés.

La chose triste est que plusieurs continuent à parler en langues après qu'ils aient attristé et éteint le Saint-Esprit. Les langues ne leur sont par retranchées parce que les dons et l'appel de Dieu sont sans repentir : ils sont irrévocables. (Romains 11:29). Plusieurs de ceux qui parlent en langues ont perdu, depuis, l'intimité avec le Seigneur et la consécration qu'ils ont connue au moment où ils furent pour la première fois baptisés dans le Saint-Esprit. Ils ont éteint le Saint-esprit et l'ont attristé de telle manière qu'Il a été contraint de se retirer dans un « coin » de leurs vies, là où Sa seigneurie est à peine ressentie. Et pourtant, ces gens ont continué à parler en d'autres langues et même à prophétiser et ils passent pour des gens remplis du Saint-Esprit. Nous avons connu des gens qui, qu'ayant une fois marché proches du Seigneur et descendu sur eux, ont continué à

- parler en langues
- interpréter les langes
- prophétiser
- accomplir quelque ministère de guérison
- etc.

et pourtant vivaient dans la gloutonnerie, l'immoralité, l'orgueil, le mensonge, la tromperie, la convoitise, l'égoïsme, la colère, la paresse, etc.

Les dons ont continué à se manifester dans leur vie, mais ces gens ont cessé depuis longtemps de marcher avec Dieu. Ils sont comme Samson était lorsqu'il se rendit chez une prostituée à Gaza mais à minuit il eut suffisamment de puissance pour arracher les portails de la ville et les deux poteaux et il les mit sur ses épaules et les emporta dans la nuit, et ainsi échappa d'être tué par les gens de la ville. Ils pourraient être comme Saül qui, lors d'une de ces occasions où il était à la poursuite de David, bien que se dirigeant vers Rama, se dépouilla de ses vêtements et prophétisa devant Samuel, et tomba nu par terre, tout ce jour-là et toute la nuit poussant ainsi les gens à se demander : « *Saül aussi est-il parmi les prophètes ?* » (1 Samuel 19:22-24). Il avait des intentions meurtrières. Il ne s'en était pas repenti et ne les avait pas encore abandonnées. Le Saint-Esprit descendit tout de même sur lui et il prophétisa. Après qu'il eût prophétisé, il continua dans cette intention de tuer David que Dieu avait déjà oint comme roi à sa place.

Samson et Saül furent utilisés alors qu'ils demeuraient dans le péché, mais pour combien de temps? Es-tu dans la même condition qu'eux ? Continues-tu à manifester certains dons spirituels alors que ton coeur n'est pas correct devant Dieu ? Ne t'y trompe pas. Il se pourrait réellement que Dieu soit en train de t'utiliser comme Il l'a fait dans les cas de Samson et de Saül, mais pour combien de temps les a-t-il utilisés ? Ne furent-ils pas utilisés que pour un moment ? Toi aussi, tu seras bientôt mis de côté. Tu es en train d'apporter à Dieu le plus grand déshonneur pendant que tu continues à manifester des dons spirituels tout en vivant dans le péché. Dieu a supporté ton service et ton péché pendant très longtemps. Il dit : « J'en ai assez de tes dons avec le péché ; de ton ministère et de ton iniquité. Tes langues, tes prophéties, tes guérisons, tes visions, etc, mon âme n'y prend point plaisir. Lève-toi, purifie-toi ; ôte de devant mes yeux tes oeuvres iniques ; cesse de faire le mal. Travaille à cette sainteté sans laquelle personne ne me verra. »

Vas-tu obéir ?

COMMENT CONTINUER
DANS LA VIE PLEINE DE L'ESPRIT

Quand le Saint-Esprit vient sur quelqu'un et qu'il parle en langues pour la première fois, il est réellement rempli du Saint-Esprit. Cependant, certaines personnes continuent à être remplies du Saint-Esprit et pour d'autres ce n'est pas le cas. Ceux-là qui ne continuent pas à être remplis du Saint-Esprit pourraient continuer à parler en langues, mais cela ne leur dit pas grand-chose. C'est insensé de penser que puisque quelqu'un a été une fois rempli du Saint-Esprit, il a nécessairement continué à l'être.

Nous pouvons prendre l'exemple d'un ivrogne. Un homme est rempli de vin lorsqu'il en prend à l'excès. Aussi longtemps que le vin le remplit, il est saoul. S'il continue à boire, il demeure saoul. S'il arrête de boire, la puissance du vin ne demeurera pas sur lui et bientôt il sera comme toute autre personne.

Celui qui est rempli du Saint-Esprit doit continuer à être rempli du Saint-Esprit. Il doit recevoir des onctions fraîches du Seigneur s'il ne voudrait pas être à sec.

Celui là doit aussi s'assurer que les conduits par lesquels le Saint-Esprit s'écoule sont ouverts et élargis de manière qu'Il puisse avoir la liberté de s'écouler dans une plus grande mesure.

1. ÊTRE REMPLI CHAQUE JOUR

Il y a dans les Ecritures le commandement d'être rempli de l'Esprit. (Ephésiens 5;18). Le commandement implique que quiconque peut être rempli du Saint-Esprit après qu'il ait été baptisé dans le Saint-Esprit à n'importe quel moment selon son désir. Comment cela peut-il se faire ? Je suggère que chaque croyant soit rempli du Saint-Esprit chaque matin afin qu'il commence la journée étant dans une condition pleine de l'Esprit. Les instructions suivantes pourraient t'aider :

1. Confesse au Seigneur tout péché que tu as commis en pensées, en paroles et en acte.
2. Délaisse ce péché.
3. Consacre-toi totalement au Seigneur et à son service.
4. Demande au Seigneur de te remplir de Son Saint-Esprit jusqu'au débordement.
5. Reçois la plénitude du Saint-Esprit par la foi.
6. Remercie le Seigneur pour t'avoir rempli de Son Saint-Esprit.
7. Va travailler dans l'oeuvre à laquelle le Seigneur t'a appelé et sers-le de tout ton coeur.

On m'a parlé d'un homme qui, s'étant agenouillé à côté de son lit, a prié en disant au Seigneur : « Seigneur, ce lit est l'autel. Je suis l'agneau qui est en train d'être sacrifié. Je m'offre moi-même à Toi totalement, sans réserve, afin d'être Ton serviteur pour les prochaines vingt-quatre heures. Remplis-moi maintenant de Ton Saint-Esprit, et garde-moi rempli du Saint-Esprit. Amen. » Il est dit que cet homme a fait cet acte chaque jour de sa vie pendant quarante ans. Durant ces années, il marcha en relation intime avec le Seigneur et porta du fruit en abondance. Parce qu'il coopérait avec Dieu, il était rempli fraîchement du Saint-Esprit d'une manière quotidienne. Un ami à moi qui est un directeur Général commença à recevoir du Seigneur une fraîche onction du Saint-Esprit chaque matin après avoir terminé sa méditation journalière. Il dit que cela apporta un changement dans son lieu de service. Ce qui s'y passait dépendait de si oui ou non il avait eu l'onction appropriée du Saint-Esprit pour ce jour-là. Un autre homme a dit qu'il fut libéré d'une tendance persistante à l'impatience pendant que chaque jour, il demandait au Seigneur de le remplir fraîchement du Saint-Esprit.

Personnellement, j'ai décidé de demander au Seigneur de me remplir fraîchement du Saint-Esprit trois fois par jour. Avant cela, je confesse tout péché en parole, en pensée ou en action que j'ai commis. Je reçois la précieuse purification du Seigneur. Je demande que le Seigneur accepte tout ce que je suis et tout ce que j'ai pour son service. Ensuite, je demande au Saint-Esprit de venir en moi et de me donner le pouvoir d'aimer le Seigneur et de Le servir. Je répète le même procédé dans l'après-midi. Je confesse toute parole déplacée que j'ai prononcée. Je confesse toute chose qui a été faite ou dite par motif égoïste ou par orgueil ou parce que j'ai été blessé. Je demande au Saint-Esprit de remplir ma vie et je Lui demande aussi de faire que je meure progressivement au « moi ». Dans la soirée, je fais la même chose. Je ne suis pas encore parfait, mais dès le moment où j'ai commencé à recevoir régulièrement l'onction du Saint-Esprit depuis quatorze ans, tout dans ma vie est en train de changer. Ma relation avec ma femme a été fondamentalement touchée. Je réagis différemment devant les pressions qui surviennent sur moi chsaque jour. Je vois davantage du fruit dans le ministère au peuple de Dieu et au monde de Dieu et je donne la gloire au Seigneur Jésus pour tout cela.

Une chose que je fais maintenant et que je ne faisais pas au mieu c'est que lorsque j'ai péché, par exemple en exposant les faiblesses de quelqu'un derrière son dos ou bien si je suis suspicieux au sujet des motifs de quelqu'un dans ses actions, au lieu de juste demander au Seigneur de me pardonner et de me purifier, je Lui demande de me pardonner et de me purifier, et en plus, je demande au Saint-Esprit de me remplir fraîchement. J'ai réalisés que ceci apporte un changement, car souvent, j'éclate dans le parler en langues et je sens comme si le Seigneur m'a étreint dans ses bras. Je loue le Seigneur pour sa bonté envers moi dans ces domaines.

2. Grandir dans une vie remplie de l'Esprit

Lorsque quelqu'un est baptisé dans le Saint-Esprit, il a le Saint-Esprit en lui comme un fleuve. S'il s'engage dans la voie du péché, la voie :

- du mensonge
- du commérage
- de la colère
- de l'orgueil
- de la paresse
- du manque de pardon
- de l'égoïsme
- de l'amertume
- de la gloutonnerie
- etc.

ces péchés vont obstruer le conduit et réduire la capacité d'écoulement du fleuve. Pendant que la personne continue dnas le péché sans confesser et abandonner chacun des péchés, les choses seront progressivement bloquées en elles jusqu'à ce qu'il ne restera plus qu'un petit espace pour l'écoulement de l'Esprit de Dieu. Cette personne demeure baptisée dans le Saint-Esprit mais le flot de la vie divine et de la puissance divine est grandement réduit. Les choses peuvent même atteindre un point où le conduit disponible pour l'écoulement du fleuve est si limité que ce qui en fait s'écoule est moins que ce qui provient d'une source. La personne pourrait continuer à dire qu'elle est baptisée dans le Saint-Esprit et qu'elle parle en langues, mais sa capacité de communiquer la vie et de servir en puissance est même moins que celle de quelqu'un qui a reçu le Seigneur Jésus et qui n'est pas encore baptisée dans le Saint-Esprit. De telles personnes apportent beaucoup de discrédit à la doctrine du baptême dans le Saint-Esprit.

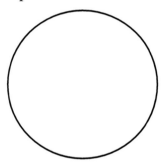

Le conduit est disponible en quelqu'un aui a reçu la vie de Dieu et le Saint-Esprit est en lui comme une source jaillissant jusqu'à la vie éternelle. Il a une certaine mesure de puissance spirituelle et peut communiquer la vie spirituelle jusqu'à un degré raisonnable.

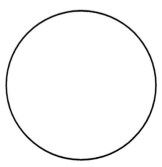

Le conduit disponible en quelqu'un qui a été baptisé dans le Saint-Esprit. Le Saint-Esprit est en lui comme un fleuve coulant pour la vie en abondance et le ministère en abondance.

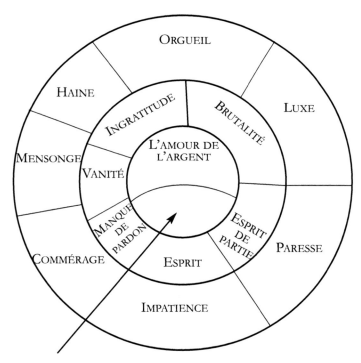

Le conduit disponible en quelqu'un qui est baptisé dans le Saint-Esprit mais qui permet au péché de s'infiltrer dans sa vie : la vanité, le mensonge, la paresse, etc,. Son efficacité est moins que celle de quelqu'un qui, après avoir reçu le Seigneur et qui bien que n'étant pas baptisé dans le Saint-Esprit, demeure pur.

Pour qu'un croyant grandisse dans la vie remplie de l'Esprit, il doit faire trois chose :

1. Il doit s'assurer que le péché ne s'établisse pas dans sa vie. Il passera donc du temps devant Dieu et devant la Parole de Dieu afin que tout péché soit exposé, confessé et abandonné.

2. Il doit débarrasser de sa vie toute chose qui est permise mais non utile pour le meilleur dans la vie chrétienne. Il décidera d'ôter progressivement ces choses de sa vie. Il pensera de moins en moins à être content mais de plus en plus à être saint. Les pensées au sujet de :
    - la nourriture
    - les maisons
    - la femme/le mari
    - les enfants
    - la nation
    - la carrière
    - etc.

qui bien qu'étant légitimes mais pas très utiles pour le grand progrès, seront débarrassées afin que le Saint-Esprit ait plus de place pour agir en toute liberté. Plus la personne se videra des choses appartenant à ce monde, plus elle laissera de la place au Saint-Esprit afin qu'Il produise en elle ce qui est de l'autre monde. Il n'y a pas d'autre issue. Si tu veux plus de choses, tu optes aussi pour de moins en moins de puissance du Saint-Esprit.

- Plus de voitures,
- Plus de maisons
- Plus de vêtements
- Plus de terrains,
- etc

occupent la pensée et conduisent à l'inquiétude et il y a donc moins de temps et de place pour l'Esprit de Dieu.

Cette vérité est illustrée par combiens de biens matériels le Seigneur Jésus et les premiers apôtres avaient pour eux !

3. Il doit introduire dans sa vie des choses qui vont bien pouvoir à la meilleure coopération avec le Saint-Esprit pour le progrès spirituel.Il va investir progressivement dans les choses suivantes :

   a) L'argent donné à l'oeuvre du Seigneur et aux pauvres.
   b) Du temps passé dans la prière (en qualité et en quantité).
   c) Tu temps passé sur la parole de Dieu (la lecture, la mémorisation et son application).
   d) Du temps et de l'énergis investis dans le service envers les autres.
   e) Du temps passé à rendre ministère
      - au Seigneur
      - aux Saints
      - aux perdus.
   f) la souffrance.
   g) Le jeûne.
   h) etc.

Plus on introduit les choses correctes, plus le conduit grandira et le fleuve grandira de plus en plus.

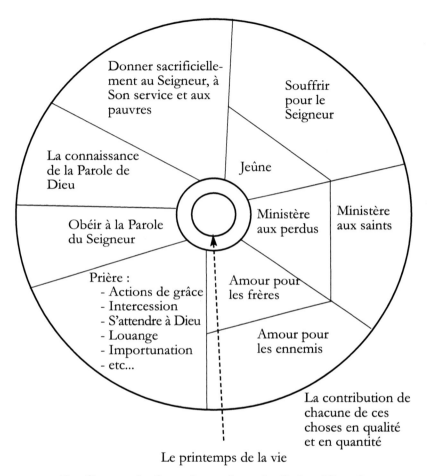

Le fleuve du baptême dans le Saint-Esprit

Des gens qui, à la réception de la vie divine, coopèrent avec le Saint-Esprit dans la prière, l'obéissance à la Parole de Dieu, la vie soumise, le service sacrificiel abondant, le jeûne, les dons au Seigneur, etc vont certainement manifester plus de puissance et d'autorité spirituelle que les gens qui n'ont pas pleinement coopéré avec Dieu après qu'ils aient été baptisés dans le Saint-Esprit.

Parce que quiconque veut peut naître de nouveau et ainsi avoir le Saint-Esprit en lui comme une source coulant jusqu'à la vie éternelle, ceux qui n'ont pas de source ne peuvent blâmer qu'eux-mêmes.

Parce que le baptême dans le Saint-Esprit est ouvert à tous les croyants avec l'accompagnement du fleuve d'eau vive, ceux qui vivent comme si le Saint-Esprit n'avait pas été donné, ne peuvent blâmer qu'eux-mêmes. Dieu n'a pas de favoris.

Parce que la possibilité de coopérer davantage avec Dieu à travers la prière, le jeûne, le don au Seigneur, le service chrétien, etc est ouverte à tous les croyants, tout croyant peut étendre le fleuve en lui à n'importe quel niveau qu'il voudrait. Ceux qui ont de la puissance limitée ont choisi cette condition. Ceux qui ont plus de puissance ont payé un prix pour cela et tu peux obtenir ce que tu veux. Jésus est disponible pour tous. La prière est disponible pour tous. La sainteté est ouverte à tous. Le don au Seigneur, etc, est ouvert à tous.

Que feras-tu pour étendre ta capacité pour la vie pleine de l'Esprit ?

Vas-tu faire quelque chose maintenant ?

Que Dieu te bénisse !

Sois rempli maintenant !!

Es-tu rempli en ce moment ?

Es-tu rempli au maximum ?

Ne vas-tu pas t'ouvrir pour recevoir davantage de ce que Dieu veut te donner ?

TRÈS IMPORTANT

Si tu n'as pas encore reçu Jésus comme ton Seigneur et Sauveur, je t'encourage à Le recevoir. Pour t'aider, tu trouveras ci-dessous quelques étapes à suivre :

ADMETS que tu es un pécheur de nature et par habitude, et que par ton effort personnel, tu n'as aucun espoir d'être sauvé. Dis à Dieu que tu as personnellement péché contre Lui en pensées, en paroles et en actes. Dans une prière sincère, confesse-Lui tes péchés l'un après l'autre. N'omets aucun péché dont tu te souviennes. Détourne-toi sincèrement de tes péchés et abandonne-les. Si tu volais, ne vole plus, si tu commettais l'adultère ou la fornication, ne le fais plus. Dieu ne te pardonnera pas si tu n'as pas le désir de renoncer radicalement au péché dans tous les aspects de ta vie ; mais si tu es sincère, Il te donnera la force de renoncer au péché.

CROIS que Jésus-Christ qui est le Fils de Dieu, est l'unique Chemin, l'unique Vérité, et l'unique Vie. Jésus a dit : « *Je suis le chemin, la vérité et la vie. Nul ne vient au Père que par moi* » (Jean 14:6). La Bible dit : « *Car il y a un seul Dieu, et aussi un seul médiateur entre Dieu et les hommes, Jésus-Christ homme, qui s'est donné lui-même en rançon pour tous* » (1 Timothée 2:5-6). « *Il n'y a sous le ciel aucun autre nom qui ait été donné parmi les hommes, par lequel nous devions êtres sauvés* » (Actes 4 :12). « *À tous ceux qui l'ont reçu, à ceux qui croient en son nom, elle a donné* *le pouvoir de devenir enfants de Dieu »* (Jean 1:12). Mais,

CONSIDÈRE le prix à payer pour Le suivre. Jésus a dit que tous ceux qui veulent Le suivre doivent renoncer à eux-mêmes. Cette renonciation implique la renonciation aux intérêts égoïstes, qu'ils soient financiers, sociaux ou autres. Il veut aussi que Ses disciples prennent leur croix et Le suivent. Es-tu prêt à abandonner chaque jour tes intérêts personnels pour ceux de Christ ? Es-tu prêt à te laisser conduire dans une nouvelle direction par Lui ? Es-tu disposé à souffrir et même à mourir pour Lui si c'était nécessaire ? Jésus n'aura rien à faire avec des gens qui s'engagent à moitié. Il exige un engagement total. Il ne pardonne qu'à ceux qui sont prêts à Le suivre à n'importe quel prix et c'est eux qu'Il reçoit. Réfléchis-y et considère ce que cela te coûte de Le suivre. Si tu es décidé à Le suivre à tout prix, alors il y a quelque chose que tu dois faire :

INVITE Jésus à entrer dans ton cœur et dans ta vie. Il dit : *« Voici, je me tiens à la porte et je frappe ; si quelqu'un entend ma voix et ouvre la porte (de son cœur et de sa vie), j'entrerai chez lui, je souperai avec lui, et lui avec moi »* (Apocalypse 3:20). Ne voudrais-tu pas faire une prière comme la suivante ou une prière personnelle selon l'inspiration du Saint-Esprit ?

« Seigneur Jésus, je suis un pécheur misérable et perdu, j'ai péché en pensées, en paroles et en actes. Pardonne-moi tous mes péchés et purifie-moi. Reçois-moi, ô Sauveur, et fais de moi un enfant de Dieu. Viens dans mon cœur maintenant même et donne-moi la vie éternelle à l'instant même. Je te suivrai à n'importe quel prix, comptant sur Ton Saint-Esprit pour me donner toute la force dont j'ai besoin. »

Si tu as fait cette prière sincèrement, Jésus t'a exaucé, t'a justifié devant Dieu et a fait de toi à l'instant même, un enfant de Dieu.

S'il te plaît écris-nous afin que nous priions pour toi et que nous t'aidions dans ta nouvelle marche avec Jésus-Christ.

* * *

Si tu as reçu le Seigneur Jésus-Christ après avoir lu ce livre, écris-nous à l'une des adresses suivantes :

Pour l'Europe :
   Éditions du Livre Chrétien
   4, Rue du Révérend Père Cloarec
   92400 Courbevoie
   Courriel : editionlivrechretien@gmail.com

Pour l'Afrique :
   Christian Publishing House
   B.P. 7100 Yaoundé
   Cameroun
   Courriel : cphyaounde@yahoo.fr

BIOGRAPHIE DE L'AUTEUR

Le professeur Fomum est né le 20 juin 1945 au Cameroun. Il est né du Saint Esprit le 13 Juin 1956. Il a été enlevé au ciel le 14 Mars 2009 au Cameroun. Il était détenteur du Doctorat d'Etat Ph.D en Chimie Organique de l'Université de Makerere à Kampala en Ouganda, ainsi que du D.Sc «Docteur of Science» décerné le 1er juillet 2005, par l'Université de Durham en Grande Bretagne, Pour ses travaux de recherche scientifique de haute distinction. Au cours de sa carrière de Professeur de Chimie Organique à l'Université de Yaoundé I, au Cameroun, il avait supervisé ou co-supervisé plus de 100 mémoires de Maîtrise et de Thèses de Doctorat.

Il est co-auteur de plus de 155 publications parues dans des Journaux Scientifiques de renommée internationale. Il avait lu plus de 1300 livres sur la foi chrétienne, et en avait lui-même écrit plus de 150 pour promouvoir l'Evangile de Christ. En 2007, 4 millions d'exemplaires de ses livres étaient en circulation dans onze langues, et 16 millions d'exemplaires de traités évangéliques dont il est l'auteur dans 17 langues.

Le professeur Fomum avait effectué plus 700 voyages missionnaires à l'intérieur du Cameroun, et plus de 500 voyages missionnaires dans 70 nations dans les six continents. Il dirigeait un mouvement d'implantation d'églises et d'envoi de missionnaires. Lui et son équipe avaient vu plus de 10 000 miracles de guérisons instantanées opérées par le Seigneur en réponse à la prière au nom de Jésus Christ ; notamment, la guérison des maux de tête, des cancers, des personnes séropositives, des aveugles, des sourds, des muets, des boiteux, etc.

Son épouse Prisca et lui ont eu sept enfants, tous engagés avec eux dans l'œuvre de l'évangile. Prisca Zéi Fomum est ministre national et international aux enfants. Le professeur Fomum doit tout ce qu'il fut, tout ce que le Seigneur fit en lui et à travers lui aux faveurs et aux bénédictions imméritées de Dieu, ainsi qu'à son armée mondiale d'amis et de co-ouvriers, sans lesquelles il n'aurait fait aucun progrès.

A Jésus Christ soit toute la gloire.

Autres titres du même auteur

LE CHEMIN DU CHRÉTIEN
- Le Chemin de la Vie
- Le Chemin de l'Obéissance
- Le Chemin d'être Disciple
- Le Chemin de la Sanctification
- Le Chemin du Caractère Chrétien
- Le Chemin du Combat Spirituel
- Le Chemin de la Souffrance pour Christ
- Le Chemin de la Prière Victorieuse
- Le Chemin des Vainqueurs
- Le Chemin de l'Encouragement Spirituel
- Le Chemin de l'Amour pour le Seigneur

AIDE PRATIQUE POUR LES VAINQUEURS
- Disciple Coûte que Coûte
- L'Utilisation du Temps
- Retraites pour le Progrès Spirituel
- Réveil Spirituel Personnel
- Rencontres Dynamiques Quotidiennes avec Dieu
- L'École de la Vérité
- Comment Réussir dans la Vie Chrétienne
- Le Chrétien et l'Argent
- La Délivrance du Péché de la Paresse
- L'Art de travailler dur
- Connaître Dieu : Le Plus Grand besoin de l'heure
- La Révélation : Une Nécessité
- La Vraie Repentance
- Tu Ô Recevoir un Cœur Pur Aujourd'hui
- Tu Peux Conduire Quelqu'un à Christ aujourd'hui
- Tu Peux Recevoir le Baptême dans Le Saint-Esprit

- La Dignité du Travail Manuel
- Tu as un Talent
- Faire des Disciples
- Le Secret d'une Vie Spirituelle Fructueuse
- Es-tu Encore un Disciple du Seigneur Jésus ?
- Le Vainqueur en tant que Serviteur de l'Homme

AUTRES
- Délivrance de l'Emprise des Démons
- Le Berger et le Troupeau
- Faire Face Victorieusement aux problèmes de la vie
- Aucun Échec n'a Besoin d'Être Final
- La Guérison intérieure
- La Prophétie du Renversement du prince satanique du Cameroun
- La Puissance pour Opérer les Miracles

LA PRIÈRE
- Le Chemin de la Prière Victorieuse
- Le Ministère du Jeûne
- L'Art de l'intercession
- Prier Avec puissance
- Mouvoir Dieu par la Prière
- Le Ministère de la louange et des actions de grâce
- Les Femmes de la Gloire Vol. 1
- Le ministère de la supplication
- Combat spirituel pratique par la prière
- la Pratique de l'intercession
- la Centralité de la prière

- Pensées révolutionnaire sur la prière vol 1
- Pensées révolutionnaire sur la prière vol 2

DIEU, LE SEXE ET TOI
- Jouir de la vie Sexuelle
- Jouir du choix de ton Conjoint
- Jouir de la Vie Conjugale
- Divorce et Remariage
- Un Mariage Réussi : Le Chef-d'Œuvre du mari
- Un Mariage Réussi : Le Chef-d'Œuvre de la femme

ÉVANGÉLISATION
- L'Amour et le Pardon de Dieu
- Le Chemin de la Vie
- Reviens à la Maison mon Fils. Je t'Aime...
- Jésus t'Aime et Veut te Guérir
- Viens et vois Jésus n'a pas Changé
- 36 Raisons de Gagner les Perdus à...
- Le « Gagnement » des Âmes
- La célébrité un masque

AIDE PRATIQUE DANS LA SANCTIFICATION
- Le Délivrance du Péché
- Le Chemin de la Sanctification
- Sanctifié et Consacré pour le ministère spirituel
- Le Semeur la Semence, et les Cœurs des Hommes
- La Délivrance du péché d'Adultère et de fornication
- Le Péché Devant Toi Pourrait Conduire à la mort
- Sois Remplis du Saint-Esprit
- La Puissance du Saint-Esprit dans la conquête des perdus

FAIRE DU PROGRÈS SPIRITUEL
- Vision, Fardeau, Action
- Le Ministre et le Ministère de la Nouvelle Alliance
- La Croix dans la Vie et le Ministère du...
- Connaître le Dieu de Bonté Sans Pareille
- Le Brisement
- Le Secret du Repos Spirituel

HORS-SÉRIE
- Un Vase Brisé
- La Joie de Supplier d'Appartenir au Seigneur Jésus

CPSIA information can be obtained
at www.ICGtesting.com
Printed in the USA
LVOW10s1430290118
564431LV00041B/1761/P

9 781975 894870